어휘력 팡팡
우리집 거실

우리집 거실에는 무엇이 있을까?

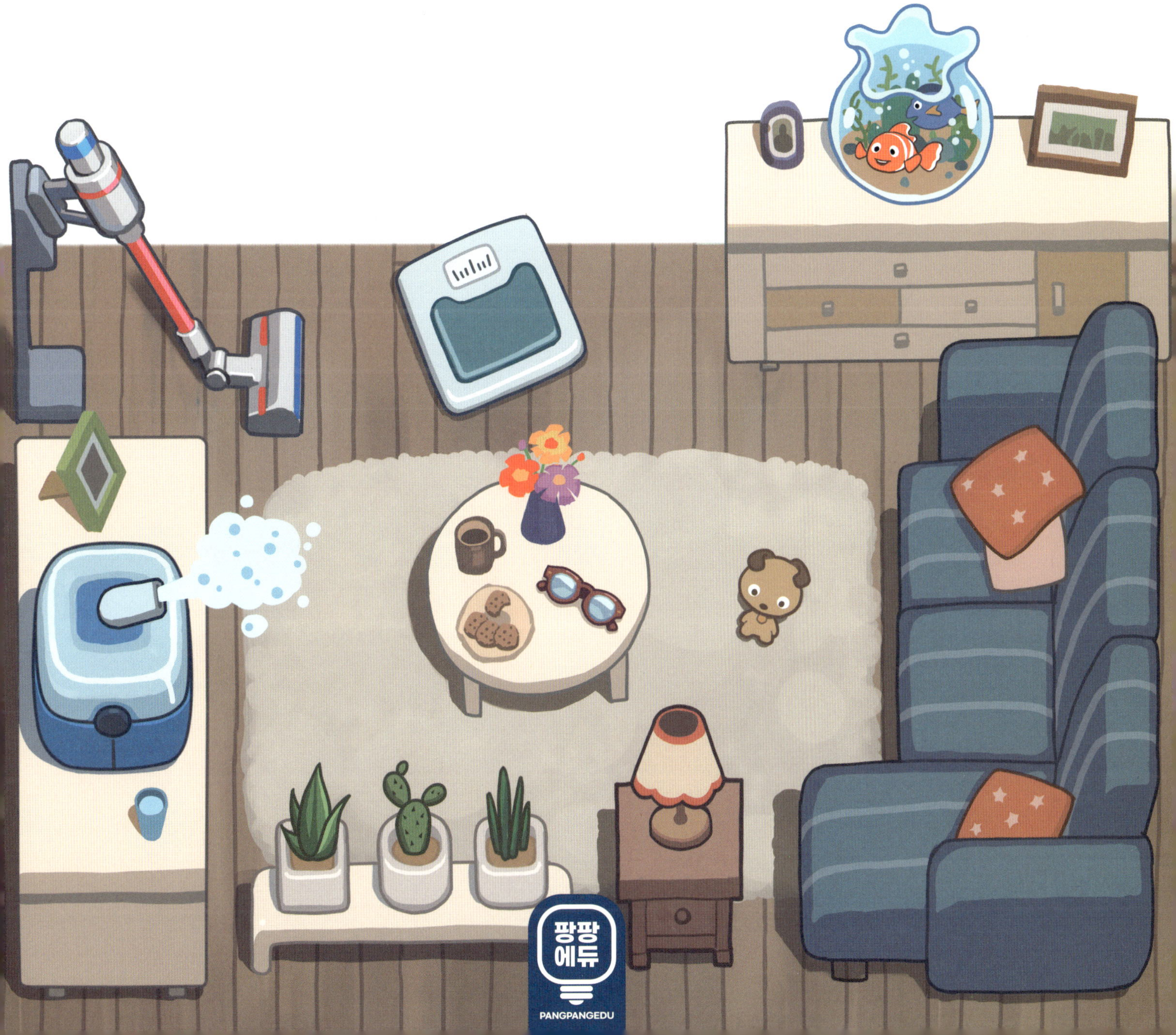

팡팡 에듀
PANGPANGEDU

 # 어휘력 팡팡 시리즈는..

1. 초등 저학년 아이들을 위한 한자 어휘 입문서입니다.

이 책은 아이들이 일상에서 자주 접하는 한자 어휘들을 중점적으로 다룹니다. 따라서 아이들이 본격적으로 한자 어휘 학습을 시작하기 전에 이 책을 만나보면 좋습니다.

2. 일상 속에서도 틈틈이 한자 어휘를 지도할 수 있습니다.

이 책은 일상 속 한자 어휘들을 다루기 때문에, 부모님이나 선생님들께서 이 책을 숙지하신다면 책을 펴지 않고도 일상생활 속에서 틈틈이 아이들에게 다양한 한자 어휘들을 알려 주실 수 있습니다.

3. 다양한 활동지, 스티커, 그림카드가 들어있습니다.

저학년 아이들의 눈높이에 맞추어 미로 찾기, 색칠하기와 같은 다양한 활동지와 스티커, 그림카드를 포함하여 어린 친구들도 즐거운 마음으로 시작해서 끝까지 완성할 수 있도록 구성하였습니다.

배움에 대한 즐거움으로 이끌어줄, 마중물과 같은 책이 되고자 합니다.

들어가는 말

초등학교 입학 전후로 아이들이 학업수행에 어려움을 보이면 언어치료실을 찾아오는 경우가 적지 않습니다. 언어능력과 학업능력은 서로 높은 연관성을 보이기 때문에 만약 어떤 아동이 학업에 어려움을 보인다면 여러 가지 공식화된 평가도구들을 통해 아이의 전반적인 언어발달 수준이나 읽기, 쓰기능력 등을 확인해 보는 것이 도움이 될 수 있습니다.

여러 종류의 언어능력 평가도구 중에서 자주 사용되는 것 중에 하나가 수용 표현 어휘력 검사(김영태 외, 2009)입니다. 주기적인 영유아 검진을 통해 아이들의 전반적인 발달수준을 같은 생활연령대의 아이들과 비교해볼 수 있는 것처럼, 이 검사를 통해 아이들의 어휘력 발달수준을 같은 생활연령대 아이들과 비교해 볼 수 있습니다.

표현 어휘력 검사의 경우, 검사자가 수검자에게 그림을 하나씩 보여주고 이름을 대도록 하여 수검자가 목표 어휘를 적절히 표현할 수 있는지 확인 할 수 있습니다. 반면, 수용 어휘력 검사의 경우, 검사자는 수검자에게 목표어휘를 하나씩 들려주고 그 어휘가 뜻하는 그림을 네 가지 보기 중에 하나 고르도록 합니다. 이를 통해, 수검자가 목표 어휘의 뜻을 정확하게 이해하고 있는지 확인할 수 있습니다.

현장에서 아이들을 대상으로 이 검사를 진행하다 보면, 재미있는 현상 하나를 발견하게 되는데요. 수용 어휘력 검사 일부 문항에서 아이들이 비슷한 유형의 오반응을 빈번하게 보인다는 사실입니다. 실제 문항 하나를 예시로 들면, '석수'라는 어휘의 뜻에 해당하는 그림을 고르는 문항에서, 많은 아이들이 정답인 '돌을 조각하고 있는 사람' 대신 오답인 '물고기를 잡고 있는 사람'을 선택하곤 합니다. 그 이유를 물어보면, 하나같이 '석수'는 '물'이기 때문에 '물'과 관련된 그림을 골랐다고 대답합니다.

그러면 왜 이런 현상이 일어나는 것일까요? 아이들은 자신이 모르는 '석수'라는 어휘의 뜻을 추측하기 위해 자기가 알고 있는 제한된 정보('수'는 '물'을 뜻함)에 의존했기 때문입니다. 만약 이 아이들이 '석'은 '돌'을, '수'는 '사람'을 뜻할 수 있다는 정보를 더 가지고 있었다면 좀 더 쉽게 정답을 고를 수 있었을 것입니다.

그런데 문제는 '수'라는 글자가 가지고 있는 의미가 이 외에도 상당히 많다는 것입니다. 이는 국어에서 활용되고 있는 한자 때문인데요. 국어사전에 수록되어 있는 한자 '수'는 40개가 넘고, 이 중에서 초등한자사전에 수록된 글자만 해도 20개 이상입니다. 많은 사람들이 알고 있는 물 수(水)나 손 수(手)외에도, 지킬 수(守: 수비, 수위, 수호신), 거둘 수(收: 수확, 수입, 수익), 받을 수(受: 수상, 수강, 수락), 닦을 수(修: 수업, 수련, 수녀), 나무 수(樹: 가로수, 과수원, 수목원), 셈 수(數: 수학, 산수, 점수)등 매우 다양합니다.

게다가, 한자는 하나의 글자가 여러 가지의 뜻으로 확장되거나 파생되어 사용되는 경우가 많습니다. 예를 들어, 손 수(手)의 경우 '손'이라는 뜻뿐만 아니라 '솜씨나 재주', '솜씨 좋은 사람'을 뜻하기도 합니다. 그런데 만약 손 수(手)를 '손'이라는 의미로만 기억한다면, '수작업, 수공예'와 같은 어휘들을 이해하는 데는 도움이 될 수 있지만, '솜씨나 재주', '솜씨 좋은 사람'이라는 뜻으로 활용된 '하수, 고수, 선수, 공격수'와 같은 어휘들을 이해하는데 오히려 방해가 될 수 있습니다.

더욱이 문제가 되는 것은, 이러한 한자 어휘들이 국어 어휘의 약 60-70%를 차지하고 있으며, 뜻글자인 한자를 소리문자인 한글로 표기하고 있다는 사실입니다. 한글은 과학적이고 체계적인 소리문자로 뜻글자인 한자에 비해 읽고 쓰는 법을 배우기 쉽다는 장점이 있습니다. 하지만 뜻글자인 한자를 소리문자인 한글로 바꿔 표기하게 되면서 한자의 모양을 통해 얻을 수 있었던 다양한 정보(한자어의 의미와 계통)를 파악할 기회를 잃게 되었고, 동시에 동음이의어나 동자이의어가 많아지게 되었습니다. 이로 인해 상황이나 문맥 없이는 어휘의 정확한 의미를 유추하기 어렵게 되었습니다.

이러한 환경에서는 아이들이 스스로 수많은 어휘들, 특히 한자 어휘들의 정확한 의미를 파악하고 활용하기가 쉽지 않습니다. 아이들이 새로운 어휘를 접할 때마다 누군가가 옆에서 일일이 설명해주지 않으면 어휘력 검사에서 보인 반응처럼 그 뜻을 넘겨 짚거나 오해한 채 넘어가기 쉽습니다. 이러한 이유 때문인지 아이들이 글을 유창하게 읽고도 그 글의 의미를 정확하게 이해하지 못하는 경우도 빈번해졌습니다. 최근, 많은 사람들이 문해력에 주목하고 있는 이유이기도 하죠. **결국, 우리는 한자 어휘를 잘 이해해야만 국어를 잘 이해할 수 있습니다.**

그렇다면, 우리는 한자 어휘 학습을 어떻게 하는 것이 좋을까요?

무작정 한자를 많이 외우는 것이 해결책이 될 수 있을까요? 물론 한자를 외우는 것이 어휘력을 향상시키는데 도움이 될 수 있습니다. 한자를 많이 아는 아이가 그렇지 않은 아이보다 어휘력이 좋은 것은 명백한 사실이니까요. 하지만 단순하게 한자의 모양과 그 뜻을 하나씩 연결하여 기억하는 방식은 한자를 표기하지 않는 상황에서는 큰 도움이 되지 못합니다. 한자를 외웠다 한들 그 한자를 마주칠 일이 없다면 활용할 수 없겠죠.

게다가, 우리는 한자를 외울 때 한자의 모양이나 의미가 단순한 것에서부터 시작하는 경향이 있습니다. 유아나 초등 저학년 용 한자교재는 보통 '1-10까지의 수'를 뜻하는 한자나, '산, 나무, 물, 해'를 뜻하는 단순한 형태의 한자어에서 시작하곤 합니다. 이들의 공통점은 글자의 모양이 매우 단순하다는 것입니다. 그러나 단계가 높아질수록 한자의 형태가 복잡해지고 외우기 어려워지면 한자공부를 왜 해야 하는지 이해하지 못한 채 멈춰버리는 경우가 많아지게 되죠. 어렵게 한자를 외웠다고 해도 그 쓸모가 많지 않기 때문에 금방 잊어버립니다.

하지만 우리가 생활 속에서 자주 접하는 '냉장고, 욕조, 환풍기, 변기, 수도꼭지, 선풍기, 정수기'와 같은 어휘들도 모두 한자 어휘입니다. 어린 아이들에게도 이러한 어휘들은 활용도가 높고 친숙합니다. 하지만 이러한 어휘들을 구성하는 한자의 모양이 어렵기 때문인지 한자 어휘 학습의 우선순위에서 뒤로 밀리곤 합니다. 이로 인해, 정작 우리가 알아야 할 한자 어휘들을 빨리 배우지 못하게 되죠. 따라서 무작정 한자를 외우려고 하는 대신 생활 속 한자 어휘들을 먼저 이해하는데 초점을 두어야 합니다.

✭ 다음은 한자 어휘를 효율적으로 학습하는 방법입니다.

• **한자 어휘 학습은 생활 속 한자 어휘에서 부터 시작해야 합니다.**
무작정 한자를 많이 외우는 것 보다는 '냉장고, 책상, 변기, 하수구, 치약'과 같이 실생활에서 자주 접하는 한자 어휘들의 의미를 정확하게 이해하는 것이 먼저입니다.

• **어휘의 의미를 통으로 기억하는 대신 글자(음절) 하나하나에 의미가 있음을 이해해야 합니다.**
예를 들면, '수도꼭지'라는 어휘는 '물'을 뜻하는 '수'와 '길'을 뜻하는 '도'가 합쳐진 것임을 이해해야 합니다.

- **같은 한자가 활용되는 어휘들을 함께 묶어서 기억해야 합니다.**
  쉽게 말해, '물'을 뜻하는 '수'는 '수도꼭지' 외에도, '수영장, 수질오염, 수경, 수상스키'와 같은 어휘들로 활용되고 있음을 알고 이들을 함께 묶어서 기억해야 합니다.

- **생활 속 한자 어휘들이 추상적이거나 학업적인 어휘들과 연결되는 방식을 이해해야 합니다.**
  초등학생 아이들이라면 대부분 '수도꼭지'의 '수'가 물 수(水)라는 것을 알고 있지만, '수위'나 '수준'이라는 어휘 또한 물 수(水)가 활용된 어휘라는 것을 알고 있는 아이들은 많지 않습니다. 성인들조차도 이를 의식하고 사용하는 경우가 많지 않은데요. 앞서 말씀 드렸던 것처럼, 더 이상 한자를 병기하지 않기 때문에 어휘의 계통을 자연스럽게 파악할 기회가 사라졌기 때문입니다. 따라서 우리의 아이들이 어휘들의 계통을 의식적으로 파악하고 분류할 수 있도록 도와주어야 합니다.

- **하나의 한자가 여러 개의 뜻으로 파생되어 활용될 수 있음을 알아야 합니다.**
  예를 들면, 손 수(手)가 '손'이라는 뜻뿐만 아니라 '솜씨나 재주', '솜씨 좋은 사람'을 뜻할 수 있다는 것을 이해해야 합니다.

- **국어에는 한자로 인해 동음이의자가 많다는 사실을 기억해야 합니다.**
  예를 들어 설명하면, '수'라는 글자가 '물'이나 '손'을 뜻하지만, 동시에 '동물'이나 '나무'도 뜻할 수도 있음을 알아야 합니다. 국어 속 한자 어휘들은 대개 한글로만 표기되기 때문에, 같은 글자 뒤에 수많은 한자들이 숨어있다는 사실을 자주 망각하게 됩니다. 우리가 모든 한자 어휘를 기억하지 못하더라도, 이러한 사실을 인식하는 것만으로도 어휘의 뜻을 전혀 다른 뜻으로 오해하는 일을 예방할 수 있습니다.

- **위와 같은 방식으로 머릿속 어휘집을 깔끔하게 정리 정돈하는 동시에 그 크기를 키워나가야 합니다.**
  컴퓨터 폴더에 비유해서 설명하면, '수'라는 폴더를 만들고 그 안에 의미(한자) 별로 하위 폴더들을 생성해야합니다. 그리고 같은 음이지만 다른 뜻을 가진 글자들을 비교분석하고 분류저장하면서 알고 있는 어휘의 양을 늘려나가야 합니다. 잠시 정리정돈이 안된 방을 떠올려 볼까요? 내가 찾고자 하는 물건이 어디에 어떻게 분류되어 수납되어있는지 모른다면 그 물건을 하나 찾는데 까지 들어가는 시간과 노력은 그 배가 될 수 있습니다. 그리고 정리정돈을 제대로 하기 전 까지 이런 노력은 매번 반복될 것입니다. 어휘도 다르지 않습니다. 수많은 어휘들을 체계적이고 효율적으로 저장하고 인출할 수 있는 머릿속 어휘집을 만들어야, 방대한 양의 어휘들을 훨씬 더 빠르고 효율적으로 학습할 수 있습니다.

책의 구성 및 활용법

Part 1. 우리집 거실에는 무엇이 있을까?

- 스티커를 붙이며 거실에는 무엇이 있는지 이야기해 봅니다.
- 거실에서 접할 수 있는 어휘들의 어원(우리말, 한자 어휘, 영어와 같은 외래어)에 대해 생각해봅니다. 특히, 어떤 어휘들이 한자 어휘인지 자세히 이야기해 봅니다.
- 예를들어, '커튼이'나 '에어컨'과 같은 어휘는 영어에서 온 표현들이고, '마루'는 순수 우리말, '어항'이나 '가습기'는 한자 어휘입니다. 만약, 이 책을 보는 아이가 한자어에 대한 이해가 없다면 한자에 대한 간단한 설명을 해주시는 것이 좋습니다.

Part 2. 어휘의 뜻과 그 쓰임을 알아보아요.

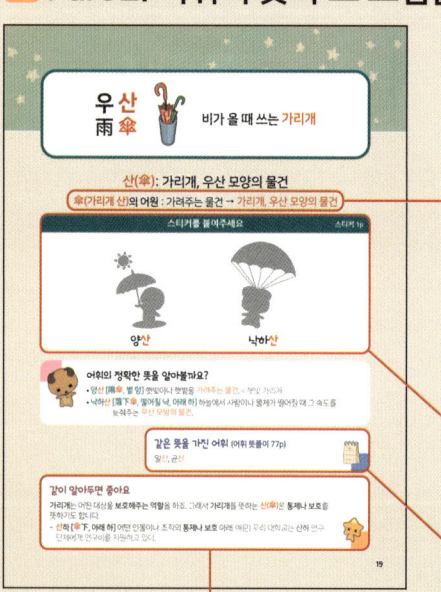

- 목표어(한자 어휘)의 어원과 정확한 뜻을 이해합니다.
- 한자 어휘는 음절단위로 분리될 수 있고 각각의 음절들은 고유의 의미를 가지고 있음을 이해합니다.
- 예를 들어, '우산'은 '비'를 뜻하는 '우'와, '가리개'를 뜻하는 '산'이 하나로 합쳐져 '비가올 때 쓰는 가리개'인 '우산'이 된 것임을 이해합니다.
- 이를 통해, 한자 어휘는 각각의 음절이 고유의 의미를 가지고 있고, 음절과 음절의 결합으로 하나의 단어가 만들어 진다는 것을 이해합니다.
- 앞서 살펴본 목표 한자(음절)가 또 어떤 어휘들 속에서 활용되고 있는지 스티커를 붙이며 알아봅니다.

같이 알아두면 좋아요

- 아이들을 지도해주시는 부모님 또는 선생님께서 참고하시면 좋습니다.
- 목표 어휘와 관련해서 추가적으로 알아두면 좋을 유익한 내용들을 담았습니다.

같은 뜻을 가진 어휘와 뜻풀이

- 아이들을 지도해주시는 부모님 또는 선생님께서 참고하시면 좋습니다.
- 이 책을 보는 아이들에게는 어려울 수 있어 이 책에서는 적극적으로 다루지는 않지만, 본격적으로 학습을 시작하면 알아 두어야 하는 추상적이거나 학업적인 어휘들로 구성 되어있습니다.

Part 3. 정리해볼까요?

- 앞에서 배우고 이해한 어휘들을 다시 한번 떠올려보는 시간입니다.
- 어휘의 의미를 정확하게 이해하는 것이 중요한 만큼, 어떤 대상이나 개념을 정확하게 표현하는 것 역시 중요합니다. 이 활동을 통해 표현 어휘력을 키울 수 있습니다.

Part 4. 다양한 활동지

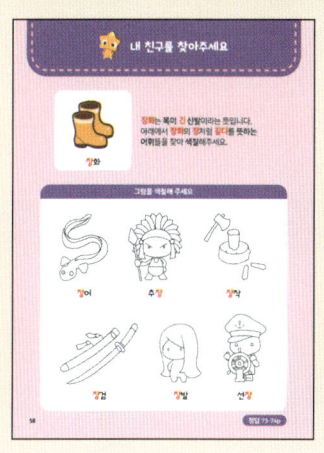   

- 색칠하기, 선 긋기, 미로 찾기 등의 다양한 활동지가 포함되어 있어, 비교적 쉽고 즐겁게 목표 어휘들을 학습할 수 있습니다.

Part 5. 그림 낱말카드

- 앞에서 학습한 목표 어휘들을 낱말카드를 활용하여 복습해봅니다.
- 그림을 보고 어휘나 어휘의 뜻을 이야기해 보거나, 같은 의미를 가진 어휘들로 분류해 봅니다.
- 그림카드 활동에 스피드 게임이나 카드 게임처럼 게임적인 요소를 가미하면 더 즐겁게 활동할 수 있습니다.
- 그림카드의 자세한 활용방법은 P.86를 참고해주세요.

목 차

1. 어휘력 팡팡 시리즈는 · 3
2. 들어가는 말 · 4
3. 책의 구성 및 활용법 · 8
4. 우리집 거실에는 무엇이 있을까? · 11
5. 어휘의 뜻과 그 쓰임을 알아보아요.

   1) 장화(長靴) · 12
      - 長 [길 장] : 장검, 장어, 장작, 장발, 추장, 선장
      - 靴 [신 화] : 단화, 군화, 실내화, 운동화

   2) 우산(雨傘) · 17
      - 雨 [비 우] : 우의, 우비, 강우, 폭우, 측우기, 기우제
      - 傘 [가리개 산] : 양산, 낙하산

   3) 전등(電燈) · 22
      - 電 [번개 전] : 전구, 전선, 전철, 전화기, 감전, 충전
      - 燈 [등 등] : 등대, 등잔, 신호등, 가로등, 전조등, 후미등

   4) 어항(魚缸) · 28
      - 魚 [물고기 어] : 장어, 광어, 인어, 치어, 어묵, 건어물
      - 缸 [항아리 항] : 항아리, 주항, 부항

   5) 안경(眼鏡) · 33
      - 眼 [눈 안] : 안구, 안약, 안대, 혈안
      - 鏡 [거울 경] : 수경, 현미경, 내시경, 망원경, 잠망경, 경대

   6) 체중계(體重計) · 39
      - 體 [몸 체] : 인체, 상체, 하체, 연체, 체조, 체온계, 합체, 해체
      - 重 [무거울 중] : 기중기, 거중기, 중력, 가중, 중요, 귀중품
      - 計 [셀 계] : 계산기, 계량컵, 시계, 온도계, 체온계

   7) 가습기(加濕器) · 48
      - 加 [더할 가] : 가열, 가중, 증가, 첨가, 추가, 참가
      - 濕 [젖을 습] : 습기, 습지, 습도, 제습기
      - 器 [그릇 기] : 식기, 변기, 석기, 철기, 무기, 소화기, 측우기

6. 활동지 · 57
7. 같은 뜻을 가진 어휘 뜻풀이 · 75
8. 그림카드 · 87
9. 스티커 · 101

우리집 거실에는 무엇이 있을까?

장화, 우산, 전등, 어항, 안경, 체중계, 가습기   스티커 1p

장화(長靴)  목이 긴 신발

장(長) : ①길다 ②어른, 우두머리

長(길 장)의 어원 : 긴 머리 노인을 표현한 글자 → ①길다 ②어른, 우두머리

스티커를 붙여주세요 스티커 1p

장검

장어

장작

장발

추장

선장

장화 長靴  목이 긴 신발

장(長) : ①길다 ②어른, 우두머리

長(길 장)의 어원 : 긴 머리 노인을 표현한 글자 → ①길다 ②어른, 우두머리

어휘의 뜻을 알아볼까요?
- 장검 [長劍, 칼 검] (무기로 쓰는) 긴 칼. ↔ 단검.
- 장어 [長魚, 물고기 어] 몸이 가늘고 긴 물고기.
- 장작 [長斫, 벨 작] 통나무를 길쭉하게 잘라서 쪼갠 나무. 땔감으로 사용됩니다.
- 장발 [長髮, 터럭(털) 발] 길게 기른 머리털. ↔ 단발.
- 추장 [酋長, 우두머리 추] (원시 사회에서) 한 부족의 우두머리를 이르는 말.
- 선장 [船長, 배 선] 배와 배의 선원들을 다스리는 우두머리.

같은 뜻을 가진 어휘 (어휘 뜻풀이 76p)
① 길다 : 장단, 장문, 장신, 장기간, 장거리, 장편소설, 무병장수, 만리장성, 연장전, 신장
② 어른, 우두머리 : 장남, 장녀, 장관, 백만장자, 장유유서, 가장, 원장, 교장, 회장, 시장, 만물의 영장

같이 알아두면 좋아요
- 장(長)은 '길다, 우두머리'라는 뜻뿐만 아니라 '자라남, 성숙함'을 뜻하기도 합니다. 몸이 길어진다는 것은 자라남을 의미하기 때문입니다. 그래서 장(長)은 성장하다, 장성하다 라는 어휘로도 활용됩니다.
  - 성장 [成長, 이룰 성] 사람이나 동식물이 자라서 몸무게가 늘거나 키가 점점 커짐. 또는 사물의 규모나 세력 따위가 점점 커짐.
  - 장성 [長成, 이룰 성] 자라서 어른이 됨.
- 또한, 장(長)은 '뛰어남'을 뜻합니다. 성장한다는 것은 이전보다 뛰어나지는 것과 같기 때문이죠.
  - 장점 [長點, 점 점] 좋은 점, 또는 뛰어난 점. ↔ 단점.

장화 長靴  목이 긴 신발

화(靴): 신발
靴(신 화)의 어원 : 가죽(革)으로 만든 것 → 신발

스티커를 붙여주세요 스티커 1p

단화 군화 실내화 운동화

어휘의 뜻을 알아볼까요?

- 단화 [短靴, 짧을 단] 목이 짧아 발목 아래로 오는 신발. 주로 굽이 낮은 구두를 뜻합니다.
- 군화 [軍靴, 군사 군] 군인용 신발. 전투하는 데에 편리하게 만든 목이 긴 신발입니다.
- 실내화 [室內靴, 집 실, 안 내] 집이나 방 안에서 신는 신발.
- 운동화 [運動靴, 옮길 운, 움직일 동] 주로 운동할 때 신는 신발.

같은 뜻을 가진 어휘 (어휘 뜻풀이 77p)
제화, 빙화, 등산화

정리해볼까요?

아래 뜻에 해당하는 적절한 어휘를 빈칸에 적어주세요.

 (보기) **장화** — 목이 **긴 신발**.

  몸이 가늘고 **긴** 물고기.

  집이나 방 안에서 신는 **신발**.

  배와 배의 선원들을 다스리는 **우두머리**.

  주로 운동할 때 신는 **신발**.

  (원시 사회에서) 한 부족의 **우두머리**를 이르는 말.

정리해볼까요?

아래 뜻에 해당하는 적절한 어휘를 빈칸에 적어주세요.

👞	목이 짧아 발목 아래로 오는 **신발**. 주로 굽이 낮은 구두를 뜻합니다.
🗡️	(무기로 쓰는) **긴 칼**.
🥾	군인용 **신발**. 전투하는 데에 편리하게 만든 목이 긴 신발입니다.
🪓	통나무를 **길쭉하게** 잘라서 쪼갠 나무. 땔감으로 사용됩니다.
👧	**길게** 기른 머리털.

우산
雨傘

비가 올 때 쓰는 가리개

우(雨): 비

雨(비 우)의 어원 : 하늘에서 물방울이 떨어지는 것을 표현한 글자 → 비

스티커를 붙여주세요 스티커 1p

우의

우비

강우

폭우

측우기

기우제

우산 雨傘

비가 올 때 쓰는 가리개

우(雨): 비

雨(비 우)의 어원 : 하늘에서 물방울이 떨어지는 것을 표현한 글자 → 비

어휘의 뜻을 알아볼까요?

- 우의 [雨衣, 옷 의] 비옷. 비가 올 때 비에 젖지 않도록 덧입는 옷을 말합니다.
- 우비 [雨備, 갖출 비] 비를 가리기 위하여 사용하는 물건을 통틀어 이르는 말.
- 강우 [降雨, 내릴 강] 비가 내림, 또는 내린 비. 예) 강우량.
- 폭우 [暴雨, 사나울 폭] 갑자기 많이 쏟아지는 비.
- 측우기 [測雨器, 헤아릴 측, 그릇(도구) 기] (예전에) 비가 온 양을 헤아리는 도구.
- 기우제 [祈雨祭, 빌다 기, 제사 제] (예전에, 비가 오지 않을 때) 비가 오기를 빌던 제사.

같은 뜻을 가진 어휘 (어휘 뜻풀이 77p)

우천, 우기, 호우경보, 호우주의보

같이 알아두면 좋아요

별이 비처럼 쏟아져 내리는 것을 뜻하는 말이 있으니 바로 '유성우'입니다. 유성이란 흐르는 별을 뜻하는 말로 별똥별의 또 다른 이름이죠. 그리고 많은 수의 유성(별똥별)들이 비처럼 한꺼번에 떨어지는 현상을 바로 '유성우'라고 한답니다.

- 유성 [流星, 흐를 유, 별 성] 흐르는 별. 다시 말해 지구의 대기권 안으로 들어와 빛을 내며 떨어지는 물체를 말합니다.

 우산(雨傘) 비가 올 때 쓰는 가리개

산(傘): 가리개, 우산 모양의 물건

傘(가리개 산)의 어원 : 가려주는 물건 → 가리개, 우산 모양의 물건

스티커를 붙여주세요 스티커 1p

 양산

 낙하산

어휘의 정확한 뜻을 알아볼까요?

- 양산 [陽傘, 볕 양] 햇빛이나 햇볕을 가려주는 물건. = 햇빛 가리개.
- 낙하산 [落下傘, 떨어질 낙, 아래 하] 하늘에서 사람이나 물체가 떨어질 때 그 속도를 늦춰주는 우산 모양의 물건.

같은 뜻을 가진 어휘 (어휘 뜻풀이 77p)

일산, 균산

같이 알아두면 좋아요

가리개는 어떤 대상을 보호해주는 역할을 하죠. 그래서 가리개를 뜻하는 산(傘)은 통제나 보호를 뜻하기도 합니다.

- 산하 [傘下, 아래 하] 어떤 인물이나 조직의 통제나 보호 아래. 예문) 우리 대학교는 산하 연구 단체에게 연구비를 지원하고 있다.

정리해볼까요?

아래 뜻에 해당하는 적절한 어휘를 빈칸에 적어주세요.

	비옷. 비가 올 때 비에 젖지 않도록 덧입는 옷을 말합니다.
	(예전에, 비가 오지 않을 때) **비**가 오기를 빌던 제사.
	햇빛이나 햇볕을 **가려주는 물건**.
	갑자기 많이 쏟아지는 **비**.
	하늘에서 사람이나 물체가 떨어질 때 그 속도를 늦춰주는 **우산 모양의 물건**.
	**비**가 올 때 쓰는 **가리개**.

정리해볼까요?

아래 뜻에 해당하는 적절한 어휘를 빈칸에 적어주세요.

  (예전에) 비가 온 양을 헤아리는 도구.

  비를 가리기 위하여 사용하는 물건을 통틀어 이르는 말.

  비가 내림, 또는 내린 비.

전등 電燈

전기의 힘으로 주변을 밝히는 불

전(電) : 전기 (물질 안의 전자의 이동으로 생기는 에너지)

電(번개 전)의 어원 : 비구름(雨)과 번개(电) → 번쩍이고 찌릿한 것 → 전기

스티커를 붙여주세요 스티커 1p

전구

전선

전철

전화기

감전

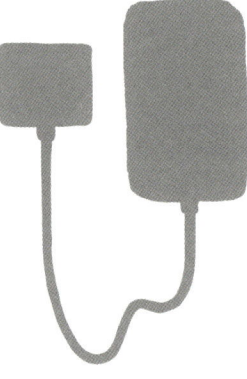
충전

전등 (電燈)

전기의 힘으로 주변을 밝히는 불

전(電) : 전기 (물질 안의 전자의 이동으로 생기는 에너지)

電(번개 전)의 어원 : 비구름(雨)과 번개(电) → 번쩍이고 찌릿한 것 → 전기

어휘의 뜻을 알아볼까요?

- 전구 [電球, 공 구] 전기로 빛을 내는 공 모양의 유리.
- 전선 [電線, 줄 선] 전기가 흐르는 선.
- 전철 [電鐵, 쇠 철] 전기의 힘으로 철로 된 길을 달리는 열차.
- 전화기 [電話機, 말씀 화, 틀(기계) 기] 전파를 통해 멀리 있는 사람과 이야기를 주고받을 수 있게 해주는 기계.
- 감전 [感電, 느낄 감] 전기가 통하고 있는 물체에 몸이 닿아 충격을 받음.
- 충전 [充電, 채울 충] (전기를 모으는 장치에) 전기 에너지를 채우는 일. 휴식을 취하면서 에너지를 되찾는 것을 비유적으로 이르는 말이기도 합니다.

같은 뜻을 가진 어휘 (어휘 뜻풀이 78p)

전력, 전압, 전원, 전지, 전극, 전파, 전송, 전차, 전동차, 전광판
가전, 방전, 정전, 발전소

같이 알아두면 좋아요

- 전기는 눈에 보이지 않는 에너지로, 우리 주변에서 여러 가지 일을 할 수 있도록 도와줍니다. 예를 들어, 전기는 불을 켜고 TV를 작동시키며 컴퓨터를 켜는 힘입니다. 따라서 전기는 일상생활에서 자주 사용하는 매우 중요한 에너지입니다.
- 전기는 물질을 이루는 작은 입자, 즉 전자들이 움직이면서 생깁니다. 전자들이 전선을 따라 흐르는 것을 전류라고 하며, 이 과정에서 전기가 생성됩니다. 이렇게 흐르는 전자는 우리 집까지 전달되어 다양한 전자 제품들을 작동시킵니다.

전(電) 등(燈)  전기의 힘으로 주변을 밝히는 불

등(燈) : 주변을 밝히는 불

燈(등 등)의 어원 : 높은 곳(登)에서 주변을 밝히는 불(火) → 주변을 밝히는 불

스티커를 붙여주세요 스티커 2p

등대

등잔

신호등

가로등

전조등

후미등

전등 電燈  전기의 힘으로 주변을 밝히는 불

등(燈) : 주변을 밝히는 불

燈(등 등)의 어원 : 높은 곳(登)에서 주변을 밝히는 불(火) → 주변을 밝히는 불

어휘의 뜻을 알아볼까요?

- **등대 [燈臺, 대(받침) 대]** (바다에서 배가 볼 수 있도록) 주변을 밝히는 불을 높게 받쳐놓은 것.
- **등잔 [燈盞, 잔(그릇) 잔]** 주변을 밝히기 위해 기름을 담아 불을 켜는데 쓰는 그릇.
- **신호등 [信號燈, 믿을 신, 기호 호]** 교통신호를 알리기 위해 밝히는 불. 보통 빨간색, 초록색, 주황색 등의 색깔로 나타냅니다.
- **가로등 [街路燈, 거리 가, 길 로]** 길거리를 밝혀주는 불.
- **전조등 [前照燈, 앞 전, 비칠 조]** 기차나 자동차 앞에 달려 앞쪽을 비춰 밝혀주는 불.
- **후미등 [後尾燈, 뒤 후, 꼬리 미]** 기차나 자동차 뒤에 달려 뒤쪽을 밝혀주는 불.

같은 뜻을 가진 어휘 (어휘 뜻풀이 79p)

점등, 소등, 비상등, 백열등

같이 알아두면 좋아요

- **등유(燈油)**란 등불을 켜거나 난로를 피우는 데 쓰이는 기름을 의미해요. 등유는 불이 잘 붙어서 쉽게 열을 만들어낼 수 있는 특징이 있어요. 그래서 겨울철에 따뜻하게 해주는 데 아주 유용한 연료입니다!
- **주마등(走馬燈)**은 달리는 말의 형상을 가진 등불을 의미해요. 주마등은 등 중앙에 바퀴를 붙인 가는 대오리를 세우고, 종이로 만든 네 개의 말 형상이 붙어 있어요. 촛불로 데워진 공기가 종이 바퀴를 돌리면 말이 돌아가게 되죠.
이렇게 말이 돌아가는 주마등은 무엇이 빨리 지나감을 비유적으로 나타내는 말이기도 해요. 예를 들어, "아련한 추억이 주마등처럼 머릿속을 스치고 지나갔다." 라고 사용할 수 있어요.

정리해볼까요?

아래 뜻에 해당하는 적절한 어휘를 빈칸에 적어주세요.

	뜻
	주변을 밝히기 위해 기름을 담아 **불을 켜는데** 쓰는 그릇.
	기차나 자동차 앞에 달려 앞쪽을 비춰 **밝혀주는 불**.
	(바다에서 배가 볼 수 있도록) **주변을 밝히는 불**을 높게 받쳐놓은 것.
	**전기**가 흐르는 선.
	**전기**가 통하고 있는 물체에 몸이 닿아 충격을 받음.
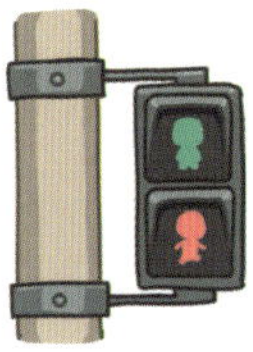	교통신호를 알리기 위해 **밝히는 불**. 보통 빨간색, 초록색, 주황색 등의 색깔로 나타냅니다.
	**전기**의 힘으로 **주변을 밝히는 불**.

정리해볼까요?

아래 뜻에 해당하는 적절한 어휘를 빈칸에 적어주세요.

	뜻
☎️	**전파**를 통해 멀리 있는 사람과 이야기를 주고받을 수 있게 해주는 기계.
🔌📱	(전기를 모으는 장치에) **전기 에너지를** 채우는 일. 휴식을 취하면서 에너지를 되찾는 것을 비유적으로 이르는 말이기도 합니다.
💡(가로등)	길거리를 **밝혀주는 불**.
💡	**전기**로 빛을 내는 공 모양의 유리.
🚗	기차나 자동차 뒤에 달려 뒤쪽을 **밝혀주는 불**.
🚆	**전기**의 힘으로 철로 된 길을 달리는 열차.

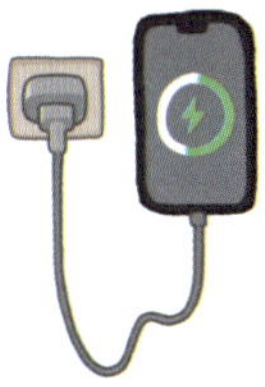

어항 魚缸
물고기를 기르는데 쓰는 그릇

어(魚): 물고기

魚(물고기 어)의 어원 : 물고기 모양을 본뜬 글자 → 물고기

스티커를 붙여주세요 스티커 2p

장어

광어

인어

치어

어묵

건어물

어항 魚缸  물고기를 기르는데 쓰는 그릇

어(魚): 물고기

魚(물고기 어)의 어원 : 물고기 모양을 본뜬 글자 → 물고기

어휘의 뜻을 알아볼까요?

- 장어 [長魚, 길 장] 몸이 긴 물고기. 뱀장어를 줄여 이르는 말입니다.
- 광어 [廣魚, 넓을 광] 몸이 넓적한 물고기. 넙칫과에 속한 바닷물고기를 이르는 말입니다.
- 인어 [人魚, 사람 인] 사람을 닮은 물고기. 허리 위는 사람의 몸과 비슷하고 허리 아래는 물고기와 같다고 하는 상상의 동물입니다.
- 치어 [稚魚, 어릴 치] 알에서 깬 지 얼마 안 되는 어린 물고기.
- 어묵 [魚묵] 잘게 다진 물고기 살에 소금과 같은 재료를 섞어서 묵처럼 굳혀 먹는 음식.
- 건어물 [乾魚物, 마를 건, 물건 물] 물고기이나 조개류 따위를 말린 식품.

같은 뜻을 가진 어휘 (어휘 뜻풀이 79p)

어류, 어종, 어패류, 어뢰, 대어, 추어탕, 활어회, 관상어

같이 알아두면 좋아요

물고기 어(魚)는 고기 잡을 어(漁)와 서로 다른 글자랍니다. 물고기 어(魚)는 물고기 그 자체를 뜻하지만 고기 잡을 어(漁)는 말 그대로 고기를 잡는다는 의미를 가지고 있습니다. 아래는 고기 잡을 어(漁)가 활용된 어휘들이랍니다.

- 어부 [漁夫, 지아비(일꾼) 부] 고기잡이를 업으로 하는 사람.
- 어선 [漁船, 배 선] 고기잡이 하는 배.
- 어촌 [漁村, 마을 촌] 고기잡이들이 모여 사는 마을.
- 어망 [漁網, 그물 망] 물고기 잡는 그물.
- 금어기 [禁漁期, 금할 금, 기약할(기간) 기] (물고기의 번식을 위해) 물고기 잡는 것을 못하게 하는 기간.

어항 魚缸  물고기를 기르는데 쓰는 그릇

항(缸): 그릇

缸(항아리 항)의 어원 : 목이 좁고 배가 부른 그릇(缶)을 표현한 글자 → 그릇

스티커를 붙여주세요
스티커 2p

 항아리

 주항

 부항

어휘의 뜻을 알아볼까요?
- 항아리 [缸아리] 목이 좁고 배가 부른 그릇.
- 주항 [酒缸, 술 주] 술을 담는 항아리.
- 부항 [附缸, 붙을 부] 피부에 붙이는 항아리. 몸 안의 고름이나 나쁜 피를 뽑아내기 위해 사용합니다.

같이 알아두면 좋아요
- 장독: 장독은 고추장, 된장, 간장 같은 장류나 김치를 저장하는 데 사용되는 크고 깊은 항아리를 이르는 순수 우리말입니다. 발효가 잘 되도록 설계되어 있어요.
- 단지: 단지는 장류뿐만 아니라 김치, 식초, 소금물 등 다양한 식품을 저장하는 데 사용되는 작은 항아리를 이르는 순수 우리말입니다. 보통 키가 30cm 이하이며 다양한 용도로 활용됩니다.

 단지　 독

정리해볼까요?

아래 뜻에 해당하는 적절한 어휘를 빈칸에 적어주세요.

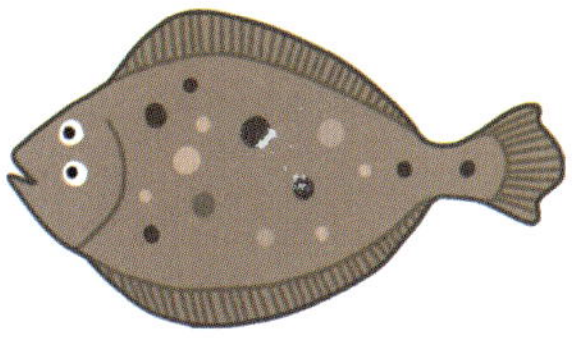

	몸이 넓적한 **물고기**. 넙칫과에 속한 바닷물고기를 이르는 말입니다.
	사람을 닮은 **물고기**. 허리 위는 사람의 몸과 비슷하고 허리 아래는 물고기와 같다고 하는 상상의 동물 입니다.
	**목이 좁고 배가 부른 그릇.**
	**물고기**이나 조개류 따위를 말린 식품.
	피부에 붙이는 **항아리**. 몸 안의 고름이나 나쁜 피를 뽑아내기 위해 사용합니다.
	몸이 긴 **물고기**.

정리해볼까요?

아래 뜻에 해당하는 적절한 어휘를 빈칸에 적어주세요.

술을 담는 **항아리**.

알에서 깬 지 얼마 안 되는 어린 **물고기**.

물고기를 기르는데 쓰는 **그릇**.

잘게 다진 **물고기** 살에 소금과 같은 재료를 섞어서 묵처럼 굳혀 먹는 음식.

안경 眼鏡

사물이 잘 보이도록 비춰주는 눈에 쓰는 물건

안(眼): (신체기관) 눈

眼(눈 안)의 어원 : 눈(目) + 아래를 바라보는 사람(艮) → (신체기관) 눈

스티커를 붙여주세요 — 스티커 2p

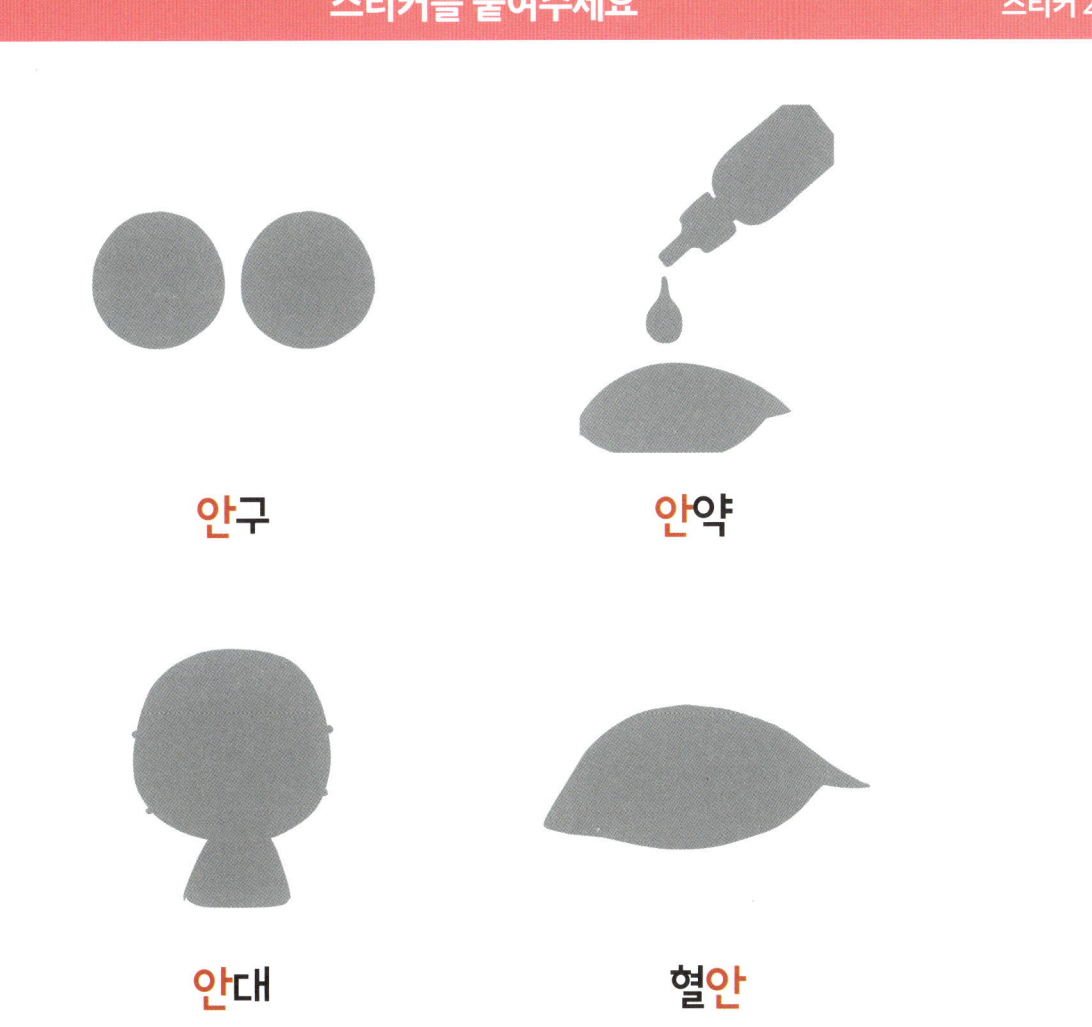

안구 · 안약 · 안대 · 혈안

안경 眼鏡
사물이 잘 보이도록 비춰주는 눈에 쓰는 물건

안(眼): (신체기관) 눈

眼(눈 안)의 어원 : 눈(目) + 아래를 바라보는 사람(艮) → (신체기관) 눈

어휘의 뜻을 알아볼까요?

- 안구 [眼球, 공 구] 눈알. 눈구멍 안에 있는 공 모양의 신체기관을 뜻합니다.
- 안약 [眼藥, 약 약] 눈병을 고치는 데 쓰는 약.
- 안대 [眼帶, 띠 대] 눈을 가리는 띠 모양의 천 조각. 잠잘 때나 또는 눈병이 났을 때 아픈 눈을 가리는 용도로 사용합니다.
- 혈안 [血眼, 피 혈] 핏발이 선 눈. 어떤 일을 이루려고 애가 달아 기를 쓰고 있는 상태를 말합니다.

같은 뜻을 가진 어휘 (어휘 뜻풀이 80p)

안과, 안중, 안목, 쌍안, 노안, 혜안

같이 알아두면 좋아요

- 색안경은 말 그대로 '색깔 있는 렌즈가 달린 안경'을 뜻해요. 그리고 '색안경을 쓰고 보다'라는 표현은 어떤 사람이나 상황을 편견이나 특정한 감정으로 바라본다는 뜻을 가지고 있어요. 예를 들어, 누군가를 정말 좋아하면 그 사람이 하는 모든 행동이 예쁘게 보일 수 있고, 반대로 싫어하면 그 행동이 나쁘게 보일 수 있어요. 이렇게 우리의 감정이나 생각이 다른 사람을 보는 방식에 영향을 미친답니다. 그래서 때로는 더 객관적이고 공정하게 바라보는 것이 중요해요!
- 별안간의 '안'이 눈을 뜻한다는 사실 알고 계셨나요? 별안간은 한자 어휘로, '눈 깜짝할 사이'라는 뜻을 가지고 있답니다.
  - 별안간 [瞥眼間, 깜짝할 별, 사이 간] 눈 깜짝할 사이.

안경 眼鏡

사물이 잘 보이도록 **비춰주는** 눈에 쓰는 **물건**

경(鏡): 사물을 비춰주는 물건 (거울, 렌즈)

鏡(거울 경)의 어원 : 금속(金)인 청동으로 만든 거울
→ 사물을 비춰주는 물건 (거울, 렌즈)

스티커를 붙여주세요 스티커 2p

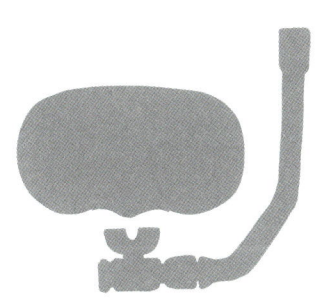
수경

현미경

내시경

망원경

잠망경

경대

안경 眼鏡  사물이 잘 보이도록 비춰주는 눈에 쓰는 물건

경(鏡): 사물을 비춰주는 물건 (거울, 렌즈)

鏡(거울 경)의 어원 : 금속(金)인 청동으로 만든 거울
→ 사물을 비춰주는 물건 (거울, 렌즈)

어휘의 뜻을 알아볼까요?

- 수경 [水鏡, 물 수] 물속에서 쓰는 안경. 물속에서 눈을 보호해주는 동시에 사물을 비춰줍니다.
- 현미경 [顯微鏡, 나타날 현, 작을 미] 작은 물체를 크게 비춰주는 물건.
- 내시경 [內視鏡, 안 내, 볼 시] 신체의 내부를 볼 수 있게 비춰주는 물건.
- 망원경 [望遠鏡, 바랄 망, 멀 원] 멀리 떨어져 있는 물체를 크게 비춰주는 물건.
- 잠망경 [潛望鏡, 잠길 잠, 바랄 망] 주로 잠수함이나 군함에서 사용하는 망원경. 물속에서 멀리 있는 것을 볼 수 있게 도와줍니다.
- 경대 [鏡臺, 대(받침) 대] 거울을 보기 편하게 세워서 높게 받쳐놓은 가구.

같은 뜻을 가진 어휘 (어휘 뜻풀이 80p)

동경, 비경

같이 알아두면 좋아요

거울과 렌즈는 모두 이미지를 비추거나 만드는 데 사용되지만, 작동하는 방법이 다릅니다.

- 거울은 빛이 표면에 닿았을 때 그 빛을 반사하여 이미지를 만듭니다. 이 때문에 거울은 좌우가 반전된 이미지를 보여주죠. 거울은 보통 유리의 뒷면에 은색 막을 붙여 만들어지며, 종류로는 평면거울, 볼록거울, 오목거울 등이 있습니다. 각 종류에 따라 이미지를 크게 하거나 작게 할 수 있습니다.
- 렌즈는 빛을 모으거나 퍼뜨리는 투명한 물체로, 빛이 렌즈를 통과할 때 그 빛을 꺾어서 이미지를 만들어냅니다. 그렇기 때문에 빛의 경로를 조절하여 이미지를 만들어낼 수 있고 거울과 달리 좌우 반전이 일어나지 않습니다. 이러한 렌즈는 주로 유리나 플라스틱으로 만들어지며, 종류로는 볼록렌즈와 오목렌즈가 있습니다. 이들을 활용하여 이미지의 크기를 조절할 수 있습니다.

이처럼 거울과 렌즈는 각각 다른 방법으로 사물을 보여주며, 각기 다른 용도로 사용됩니다.

정리해볼까요?

아래 뜻에 해당하는 적절한 어휘를 빈칸에 적어주세요.

물속에서 쓰는 **안경**. 물속에서 눈을 보호해주는 동시에 사물을 비춰줍니다.

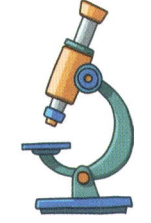

눈알. 눈구멍 안에 있는 공 모양의 신체기관을 말합니다.

작은 물체를 크게 **비춰주는 물건**.

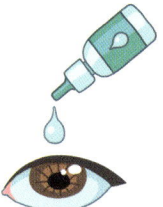

주로 잠수함이나 군함에서 사용하는 **망원경**.

눈병을 고치는 데 쓰는 약.

멀리 떨어져 있는 물체를 크게 **비춰주는 물건**.

정리해볼까요?

아래 뜻에 해당하는 적절한 어휘를 빈칸에 적어주세요.

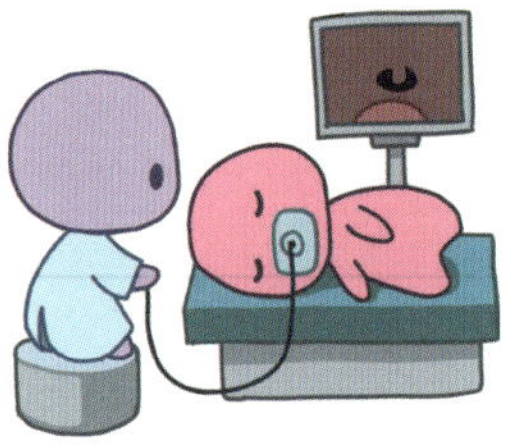

	신체의 내부를 볼 수 있게 **비춰주는 물건**.
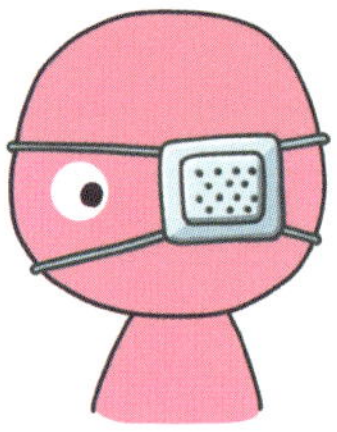	**눈**을 가리는 띠 모양의 천 조각. 잠잘 때나 또는 눈병이 났을 때 아픈 눈을 가리는 용도로 사용합니다.
	사물이 잘 보이도록 **비춰주는 눈**에 쓰는 **물건**.
	**거울**을 보기 편하게 세워서 높게 받쳐놓은 가구.
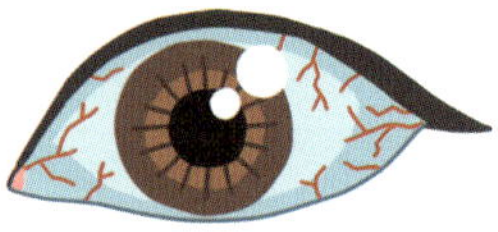	핏발이 선 **눈**. 어떤 일을 이루려고 애가 달아 기를쓰고 있는 상태를 말합니다.

체중계 體重計  몸무게를 재는 기계나 도구

체(體): ①몸 ②한 덩어리

體(몸 체)의 어원 : 뼈(骨)와 모든 것이 갖추어진(豊) 것 → ①몸 ②한 덩어리

스티커를 붙여주세요
스티커 3p

- 인체
- 상체
- 하체
- 연체
- 체조
- 체온계
- 합체
- 해체

체중계 體重計  몸무게를 재는 기계나 도구

체(體): ① 몸 ② 한 덩어리

體(몸 체)의 어원 : 뼈(骨)와 모든 것이 갖추어진(豊) 것 → ① 몸 ② 한 덩어리

어휘의 뜻을 알아볼까요?

- **인체** [人體, 사람 인] 사람의 몸. = 신체.
- **상체** [上體, 윗 상] 몸의 윗부분. 사람의 경우 대개 배꼽 위를 말합니다.
- **하체** [下體, 아래 하] 몸의 아랫부분.
- **연체** [軟體, 연할 연] 연하고 무른 몸.
- **체조** [體操, 잡을(다룰) 조] (몸의 성장과 건강을 위해) 몸을 일정한 규칙에 따라 움직이는 운동.
- **체온계** [體溫計, 따뜻할 온, 셀 계] 몸의 온도를 재는 기계나 도구.
- **합체** [合體, 합할(모을) 합] 둘 이상의 것이 모아져 한 덩어리가 됨, 또는 한 덩어리로 만듦.
- **해체** [解體, 풀 해] 한 덩어리를 작은 부분으로 나누거나 분리함.

같은 뜻을 가진 어휘 (어휘 뜻풀이 80p)

① 몸 : 체육, 체력, 체험, 체취, 체벌, 육체, 시체, 사체, 동체, 일체
② 한 덩어리: 전체, 단체

같이 알아두면 좋아요

우리의 몸은 특별한 모양과 형태를 가지고 있어요. 그래서 몸을 뜻하는 체는 모양이나 형태가 있는 모든 것을 뜻하기도 합니다. 그래서 형태를 가지고 있는 모든 물건을 물체라고 하죠. 이러한 물체들은 주로 고체, 액체, 기체로 나눌 수 있어요.
- **고체** : 모양이 변하지 않고 딱딱해요. 예를 들어, 나무나 돌처럼요.
- **액체** : 흐르면서 그릇의 모양에 맞춰 바뀌어요. 물이나 주스가 그렇죠.
- **기체** : 공기처럼 쉽게 퍼져서 공간을 채워요.

또한, 물체는 모양에 따라 입체(세워져 있는 형태), 정육면체(면이 6개인 큐브), 천체(하늘에 있는 물체인 별이나 행성) 등으로 부를 수 있어요. 이렇게 나누면 물체를 더 쉽게 이해할 수 있답니다!

체중계 體重計  몸무게를 재는 기계나 도구

중(重): ①무거운, 무게 ②귀함, 귀하게

重(무거울 중)의 어원 : 귀한 물건이 들어있는 보따리(東) 메고 가는 사람(人)
→ ①무거운, 무게 ②귀함, 귀하게

스티커를 붙여주세요 스티커 3p

기중기

거중기

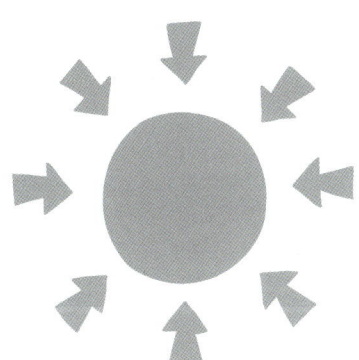
중력

가중

중요

귀중품

체중계 體重計  몸무게를 재는 기계나 도구

중(重): ①무거운, 무게 ②귀함, 귀하게

重(무거울 중)의 어원 : 귀한 물건이 들어있는 보따리(東) 메고 가는 사람(人)
→ ①무거운, 무게 ②귀함, 귀하게

어휘의 뜻을 알아볼까요?

- 기중기 [起重機, 일어날 기, 틀(기계) 기] 무거운 물건을 들어 올려 위아래나 좌우로 이동시키는 기계. = 크레인.
- 거중기 [擧重機, 들 거, 틀(기계) 기] 옛날에 주로 건물을 짓거나 공사할 때, 무거운 물건을 들어올리던 기계.
- 중력 [重力, 힘 력] 무게를 만드는 힘. 지구가 지구 위에 있는 물체를 지구 쪽으로 끌어당기는 힘을 말합니다. ↔ 무중력.
- 가중 [加重, 더할 가] 무게를 더함.
- 중요 [重要, 요긴할 요] 매우 귀하고 꼭 필요함.
- 귀중품 [貴重品, 귀할 귀, 물건 품] 귀하고 중요한 물건.

같은 뜻을 가진 어휘 (어휘 뜻풀이 81p)

① 무거운, 무게 : 중량, 중유, 중금속, 중공업
② 귀한 : 소중, 존중, 애지중지

같이 알아두면 좋아요

- 중력은 지구가 위에 있는 물체를 지구쪽(아래)로 끌어당기는 힘으로, 우리가 느끼는 '무게'를 만들어주는 힘이에요. 만약 중력이 없다면 우리는 공중에 둥둥 떠다니게 되겠죠. 이렇게 중력이 거의 작용하지 않는 상태를 무중력 상태라고 해요.
- 지구뿐만 아니라 질량이 있는 모든 물체는 서로를 끌어당기는 힘인 중력을 가지고 있어요. 질량은 물체를 이루고 있는 물질의 양을 의미하는데요. 지구의 질량이 매우 커서 우리가 느끼는 중력의 힘이 크지만, 사실 우리가 느끼지 못하더라도 모든 물체가 서로를 끌어당기는 힘을 가지고 있죠. 그러니 넓은 의미에서 중력은 물체들이 서로를 잡아당기는 힘이기도 하답니다. 이 점을 꼭 기억해 주세요!

체중계 體重計  몸무게를 재는 기계나 도구

계(計): ①세다, 재다 ②재는 기계나 도구

計(셀 계)의 어원 : 말(言)로 수를 십(十)까지 셈 → 수나 양을 세거나 재다

스티커를 붙여주세요 스티커 3p

계산기

계량컵

시계

온도계

체온계

체중계 體重計  몸무게를 재는 기계나 도구

계(計): ①세다, 재다 ②재는 기계나 도구

計(셀 계)의 어원 : 말(言)로 수를 십(十)까지 셈 → 수나 양을 세거나 재다

어휘의 뜻을 알아볼까요?

- 계산기 [計算器, 셈 산, 틀(기계) 기] 수를 세거나 셈하기 위해 사용하는 기계.
- 계량컵 [計量컵, 헤아릴 양] (조리를 할 때) 재료의 양을 재는 컵.
- 시계 [時計, 때 시] 시간을 재는 기계나 도구.
- 온도계 [溫度計, 따뜻할 온, 법도 도] 온도를 재는 기계나 도구.
- 체온계 [體溫計, 몸 체, 따뜻할 온] 몸의 온도를 재는 기계나 도구.

같은 뜻을 가진 어휘 (어휘 뜻풀이 82p)

가계부, 계좌

같이 알아두면 좋아요

계(計)는 단순히 숫자를 세거나 재는 것뿐 아니라, 어떤 일을 이루기 위해 필요한 방법이나 과정을 미리 생각하고 준비하는 것을 뜻합니다. 예를 들어, 집을 짓기 전에 우리는 땅의 크기도 알아야 하고, 어떤 크기의 집을 지을지도 생각해봐야 하죠. 이렇게 미리 생각하고 준비하는 과정이 있으면, 실제로 집을 짓는 일이 훨씬 수월해집니다. 이렇게 계(計)는 우리가 어떤 일을 시작하기 전에 필요한 준비를 하는 것과 관련이 있습니다.

- 계획 [計劃, 그을 획] 어떤 일을 시작하기 전에 미리 그 일에 대한 구체적인 규모, 절차, 방법 등을 헤아리고 기획하는 과정.
- 설계 [設計, 베풀(세울) 설] 계획에 대한 내용을 구체적으로 나타내는 과정. 보통 건축이나 토지공사, 기계제작 등에서 사용되며, 이 과정에서는 어떻게 작업을 진행할지를 정하고, 그 계획을 도면이나 설계도로 시각적으로 표현합니다.
- 생계 [生計, 날 생] 개인이 앞으로 살아 나갈 계획이나 방법. 살아가고 있는 형편 그 자체를 뜻하기도 합니다.
- 계책 [計策, 꾀 책] 어떤 일을 이루기 위해 미리 생각해낸 방법이나 꾀.
- 미인계 [美人計, 아름다울 미, 사람 인] 아름다운 여자를 이용하여 다른 사람을 꾀는 계책.

정리해볼까요?

아래 뜻에 해당하는 적절한 어휘를 빈칸에 적어주세요.

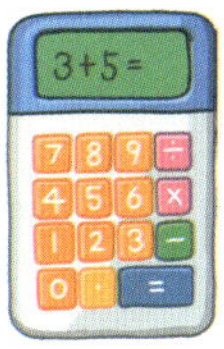

		뜻
		수를 **세거나** 셈하기 위해 사용하는 기계.
		(몸의 성장과 건강을 위해) **몸**을 일정한 규칙에 따라 움직이는 운동.
		연하고 무른 **몸**.
		무거운 물건을 들어 올려 위아래나 좌우로 이동시키는 기계.
		무게를 더함.
		(조리를 할 때) 재료의 양을 **재는** 컵.
		옛날에 주로 건물을 짓거나 공사할 때, **무거운** 물건을 들어 올리던 기계.

정리해볼까요?

아래 뜻에 해당하는 적절한 어휘를 빈칸에 적어주세요.

	매우 **귀하고** 꼭 필요함.
	무게를 만드는 힘. 지구가 지구 위에 있는 물체를 지구 쪽으로 끌어당기는 힘을 말합니다.
	한 덩어리를 작은 부분으로 나누거나 분리함.
	몸의 아랫부분.
	몸무게를 재는 기계나 도구.
	시간을 **재는 기계나 도구**.
	몸의 윗부분. 사람의 경우 대개 배꼽 위를 말합니다.

정리해볼까요?

아래 뜻에 해당하는 적절한 어휘를 빈칸에 적어주세요.

 ☐	귀하고 **중요한** 물건.
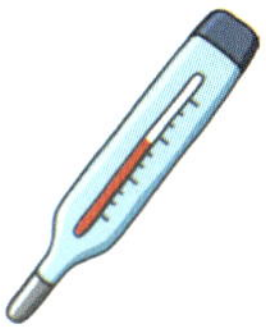 ☐	몸의 온도를 재는 기계나 도구.
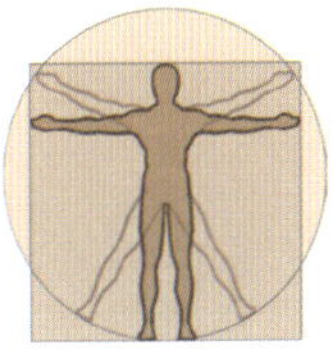 ☐	사람의 **몸**.
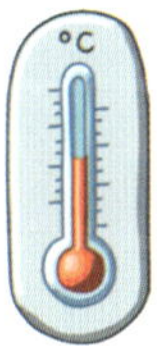 ☐	온도를 재는 기계나 도구.
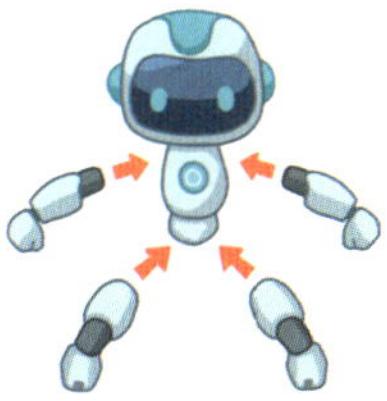 ☐	둘 이상의 것이 모아져 **한 덩어리**가 됨, 또는 한 덩어리로 만듦.

가습기 加濕器

실내에 축축한 기운을 **더해주는** 도구

가(加): ①더하다 ②들어가다

加(더할 가)의 어원 : 노래(口)하며 일(力)을 하니 생산물이 늘어남
→ 더하다 → (확장) 들어가다

스티커를 붙여주세요 스티커 3p

가열

가중

증가

첨가

추가

참가

가습기 加濕器

실내에 축축한 기운을 **더해주는** 도구

가(加): ①더하다 ②들어가다

加(더할 가)의 어원 : 노래(口)하며 일(力)을 하니 생산물이 늘어남
→ 더하다 → (확장) 들어가다

어휘의 뜻을 알아볼까요?

- 가열 [加熱, 더울 열] 열을 더함.
- 가중 [加重, 무거울 중] 무게를 더함. 주로 책임이나 부담 등을 더욱 무겁게 한다는 뜻으로 쓰입니다. 예) 가중처벌.
- 증가 [增加, 더할 증] 양이나 수치가 더해져서 늘어남.
- 첨가 [添加, 더할 첨] (어떤 것을 이미 있는 것에) 보태어 더함.
- 추가 [追加, 쫓을 추] 나중에 더하여 보탬.
- 참가 [參加, 참여할 참] (모임이나 단체에) 참여하기 위해 들어감.

같은 뜻을 가진 어휘 (어휘 뜻풀이 82p)

① 더하다 : 가속, 가해, 가공, 가미, 가감, 가세, 가산, 가체, 부가세, 무가당
② 들어가다 : 가입, 가담, 가맹점

가습기 加濕器

실내에 축축한 기운을 더해주는 도구

습(濕): 물기가 많은, 축축한

濕(젖을 습)의 어원 : 물(水)에 젖은 실(絲)을 햇빛(日)에 말림
→ 물기가 많은, 축축한

스티커를 붙여주세요   스티커 4p

습기

습지

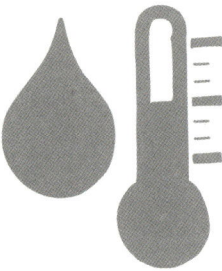
습도

제습기

가습기 加濕器

실내에 **축축한** 기운을 더해주는 도구

습(濕): 물기가 많은, 축축한

濕(젖을 습)의 어원 : 물(水)에 젖은 실(絲)을 햇빛(日)에 말림
→ 물기가 많은, 축축한

어휘의 뜻을 알아볼까요?
- 습기 [濕氣, 기운(공기) 기] 축축한 기운, 또는 물기가 많아 젖은 듯한 기운.
- 습지 [濕地, 땅 지] 물기가 많은 축축한 땅.
- 습도 [濕度, 정도 도] 공기에 물기가 많은 정도.
- 제습기 [除濕機, 덜다 제, 틀(기계) 기] 축축한 기운을 없애주는 기계.

같은 뜻을 가진 어휘 (어휘 뜻풀이 83p)
습하다, 습포, 침습, 고온다습

가습기 加濕器

실내에 축축한 기운을 더해주는 도구

기(器): ①그릇 ②간단한 도구

器(그릇 기)의 어원 : 고기(犬)를 여러 그릇(㗊)에 나눠 담음
→ 그릇 → (확장) 간단한 도구

스티커를 붙여주세요 스티커 4p

식기

변기

석기

철기   무기   소화기   측우기

가습기 加濕器  실내에 축축한 기운을 더해주는 도구

기(器): ①그릇 ②간단한 도구

器(그릇 기)의 어원 : 고기(犬)를 여러 그릇(品)에 나눠 담음
→ 그릇 → (확장) 간단한 도구

어휘의 뜻을 알아볼까요?

- 식기 [食器, 밥(음식) 식] 음식을 담는 그릇.
- 변기 [便器, 똥오줌 변] 똥오줌 그릇.
- 석기 [石器, 돌 석] 돌로 만든 그릇이나 도구.
- 철기 [鐵器, 쇠 철] 철로 만든 그릇이나 도구.
- 무기 [武器, 싸울 무] 전쟁이나 싸울 때 사용하는 도구.
- 소화기 [消火器, 사라질 소, 불 화] 불을 끄는 도구.
- 측우기 [測雨器, 헤아릴 측, 비 우] (예전에) 비가 온 양을 헤아리는 도구.

같은 뜻을 가진 어휘 (어휘 뜻풀이 83p)

① 그릇 : 토기, 제기, 옹기, 밥공기, 도자기
② 간단한 도구 : 악기, 흉기, 총기, 역기, 분무기, 주사기, 각도기, 충전기

같이 알아두면 좋아요

'무기, 소화기'와 같은 도구들은 '비행기, 세탁기'와 같은 기계와 다릅니다.

- 도구 : 모양이 간단하고 사용하기 쉽습니다. 또한 스스로 힘을 내지 않고 사람이 직접 힘을 써서 사용합니다.
- 기계 : 구조나 사용 방법이 조금 복잡하고 어렵습니다. 또한 스스로 힘을 내서 작동하죠. 예를 들어, 비행기나 세탁기는 전기나 엔진을 이용해서 일을 합니다.

기계를 뜻하는 어휘들은 그릇 기(器)가 아닌 틀 기(機)가 활용됩니다. 이 책에 나오는 '전화기, 거중기, 기중기, 제습기, 계산기'가 이에 속한답니다.

정리해볼까요?

아래 뜻에 해당하는 적절한 어휘를 빈칸에 적어주세요.

	돌로 만든 그릇이나 도구.
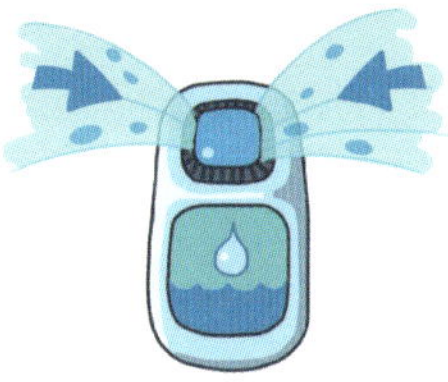	축축한 기운을 없애주는 기계.
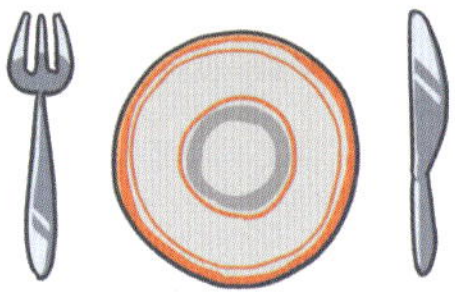	음식을 담는 그릇.
	열을 더함.
	나중에 더하여 보탬.
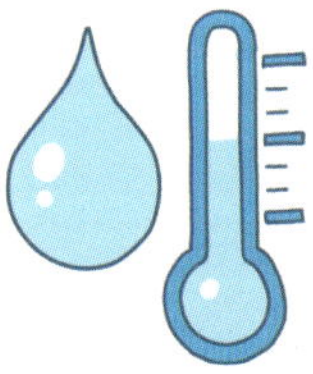	공기에 물기가 많은 정도.

정리해볼까요?

아래 뜻에 해당하는 적절한 어휘를 빈칸에 적어주세요.

	축축한 기운을 더해주는 도구.
	무게를 더함. 주로 책임이나 부담 등을 더욱 무겁게 한다는 뜻으로 쓰입니다.
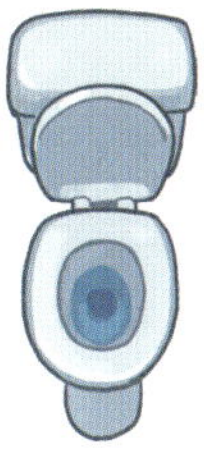	똥오줌 그릇.
	불을 끄는 도구.
	(어떤 것을 이미 있는 것에) 보태어 더함.
	전쟁이나 싸울 때 사용하는 도구.

정리해볼까요?

아래 뜻에 해당하는 적절한 어휘를 빈칸에 적어주세요.

	물기가 많은 축축한 땅.
	양이나 수치가 **더해져서** 늘어남.
	(모임이나 단체에) 참여하기 위해 **들어감**.
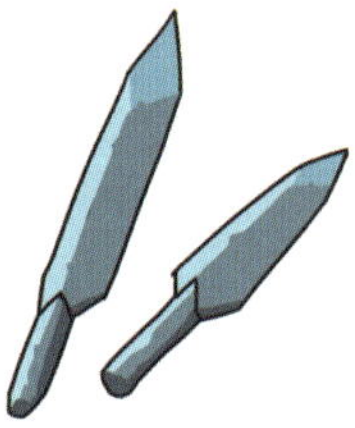	철로 만든 **그릇이나 도구**.
	**축축한** 기운, 또는 물기가 많아 젖은 듯한 기운.
	(예전에) 비가 온 양을 헤아리는 **도구**.

활 동 지

빈칸에 공통적으로 들어가는 글자와 그 글자의 뜻을 적어주세요

● 보기) 공통글자 : 전   뜻 : 번쩍하고 찌릿한 것

● 공통글자 :   뜻 :

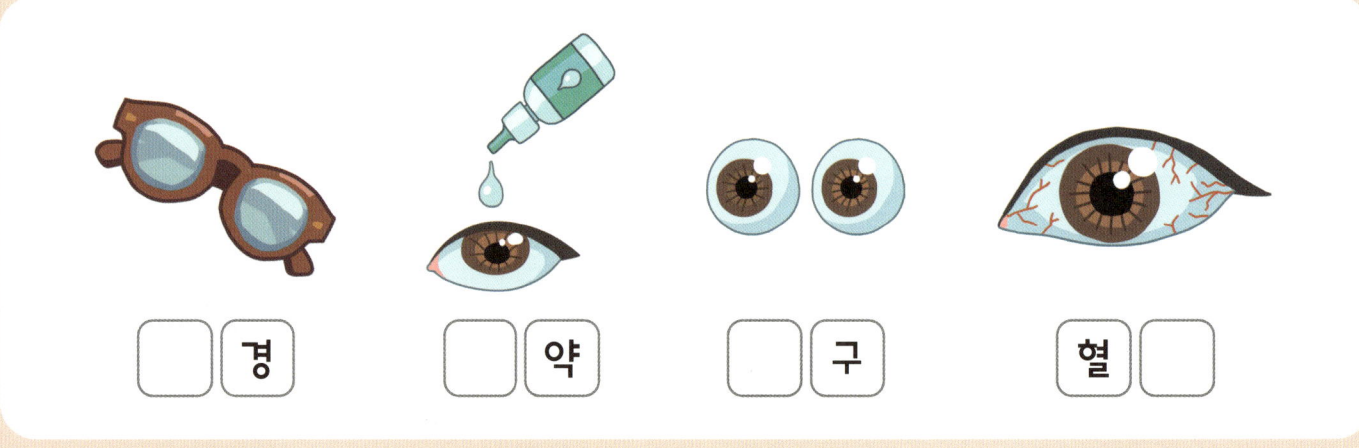

● 공통글자 :   뜻 :

빈칸에 공통적으로 들어가는 글자와 그 글자의 뜻을 적어주세요

어[ ]   [ ]아리   주[ ]   부[ ]

● 공통글자 : [ ]   뜻 :

[ ]대   전[ ]   가로[ ]   전조[ ]

● 공통글자 : [ ]   뜻 :

정답 73-74p

 # 내 친구를 찾아주세요

장화

장화는 목이 **긴** 신발이라는 뜻입니다.
아래에서 **장화**의 **장**처럼 **길다**를 뜻하는
어휘들을 찾아 **색칠**해주세요.

그림을 색칠해 주세요

장어

추장

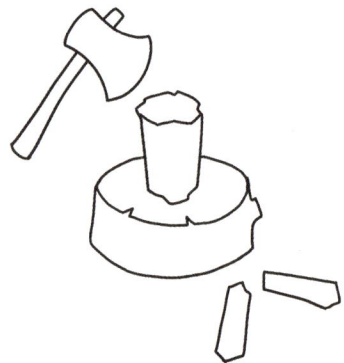

장작

장검

장발

선장

 # 내 친구를 찾아주세요

체중계

체중계는 몸무게를 재는 기계나 도구를 뜻합니다. 아래에서 체중계의 중처럼 무게를 뜻하는 어휘들을 찾아 색칠해주세요.

그림을 색칠해 주세요

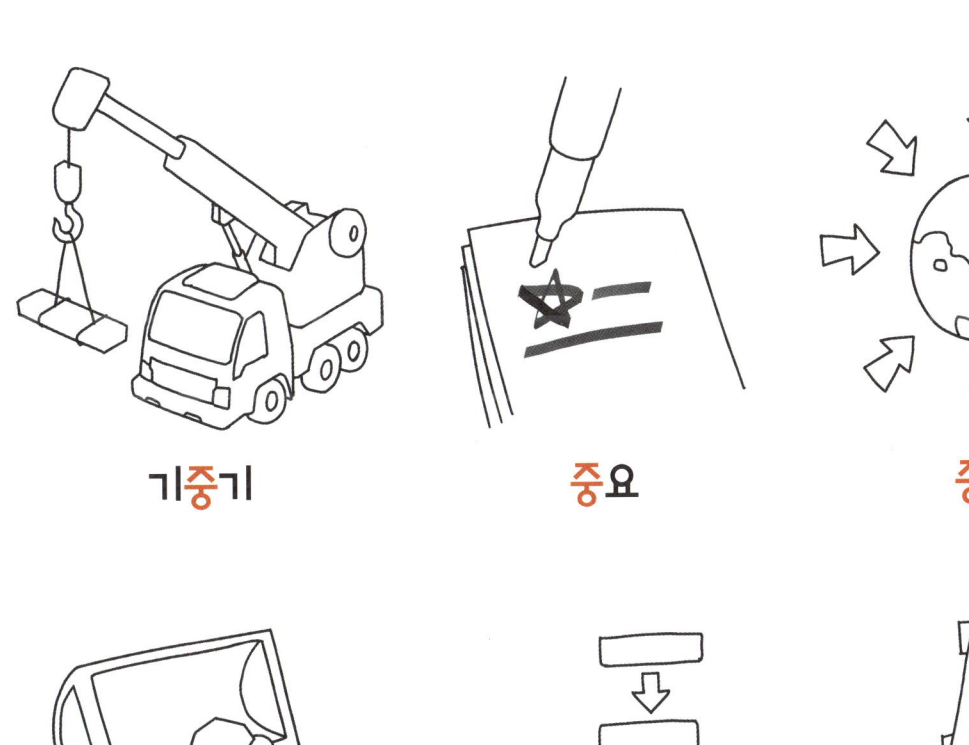

기중기   중요   중력

  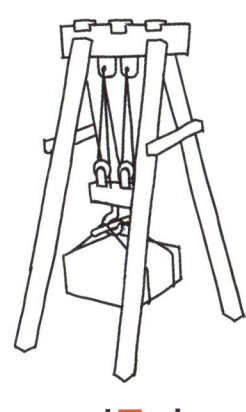

귀중품   가중   거중기

빈칸에 공통적으로 들어가는 글자와 그 글자의 뜻을 적어주세요

현 미 ☐   망 원 ☐   내 시 ☐   수 ☐

● 공통글자 : ☐   뜻 :

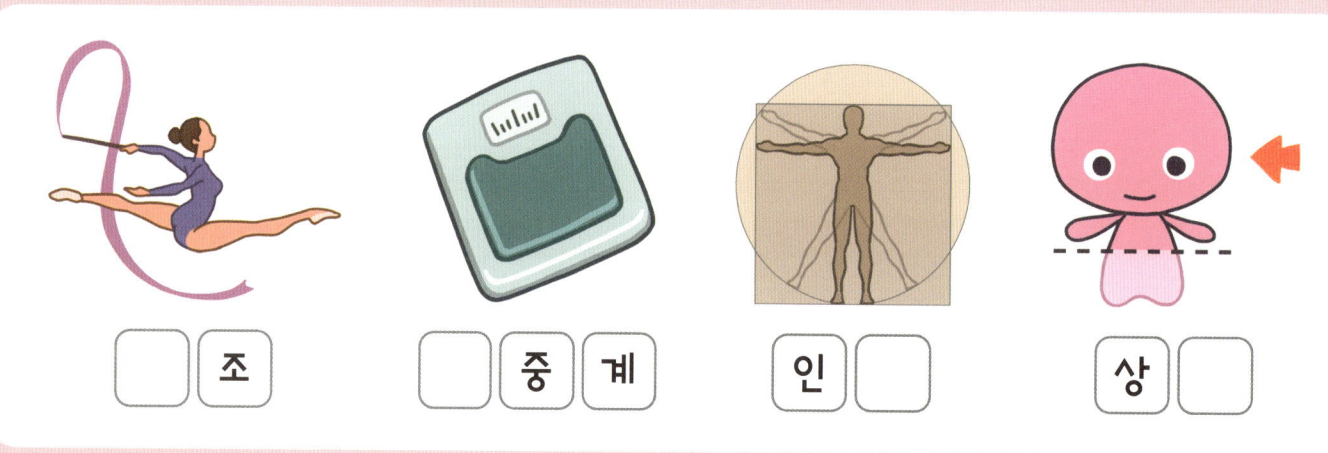

☐ 조   ☐ 중 계   인 ☐   상 ☐

● 공통글자 : ☐   뜻 :

실 내 ☐   운 동 ☐   군 ☐   장 ☐

● 공통글자 : ☐   뜻 :

정답 73-74p

 빈칸에 공통적으로 들어가는 글자와
그 글자의 뜻을 적어주세요

☐산   ☐비   폭☐   기☐제

● 공통글자: ☐   뜻:

가☐기   ☐도   ☐지   제☐기

● 공통글자: ☐   뜻:

정답 73-74p

미로찾기

사물을 비춰주는 물건을 따라가세요

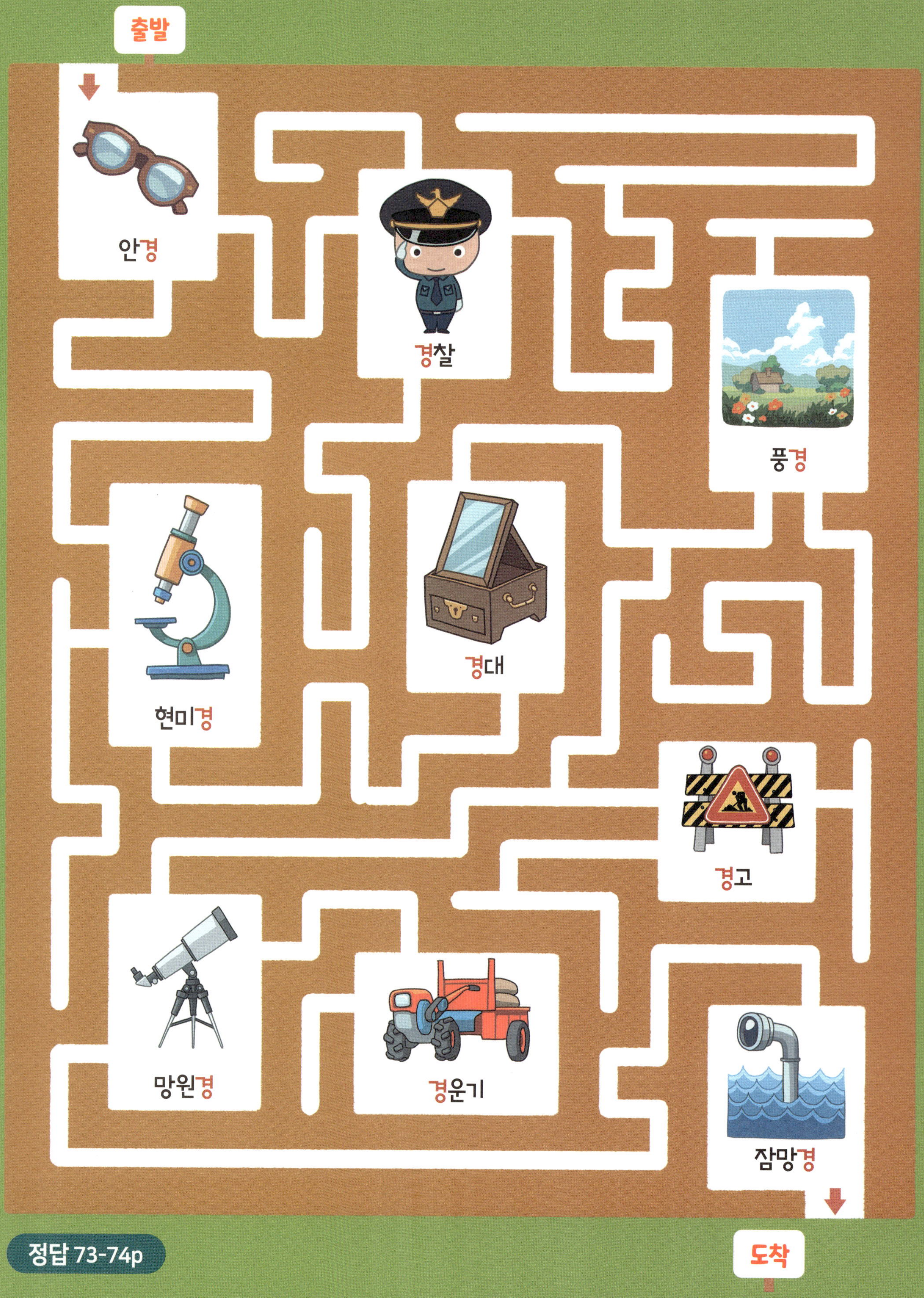

출발

안경 · 경찰 · 풍경 · 현미경 · 경대 · 경고 · 망원경 · 경운기 · 잠망경

도착

미로찾기

더하다를 뜻하는 물건을 따라가세요

출발

고기 1인분 더주세요

추가

가면

가전제품

가열

가로등

가습기

가축

첨가

증가

도착

정답 73-74p

빈칸에 공통적으로 들어가는 글자와 그 글자의 뜻을 적어주세요

체[ ]계   [ ]력   기[ ]기   거[ ]기

● 공통글자 : [ ]   뜻 :

[ ]습기   추[ ]   [ ]열   첨[ ]

● 공통글자 : [ ]   뜻 :

[ ]작   [ ]어   [ ]발   [ ]화

● 공통글자 : [ ]   뜻 :

정답 73-74p

 빈칸에 공통적으로 들어가는 글자와 그 글자의 뜻을 적어주세요

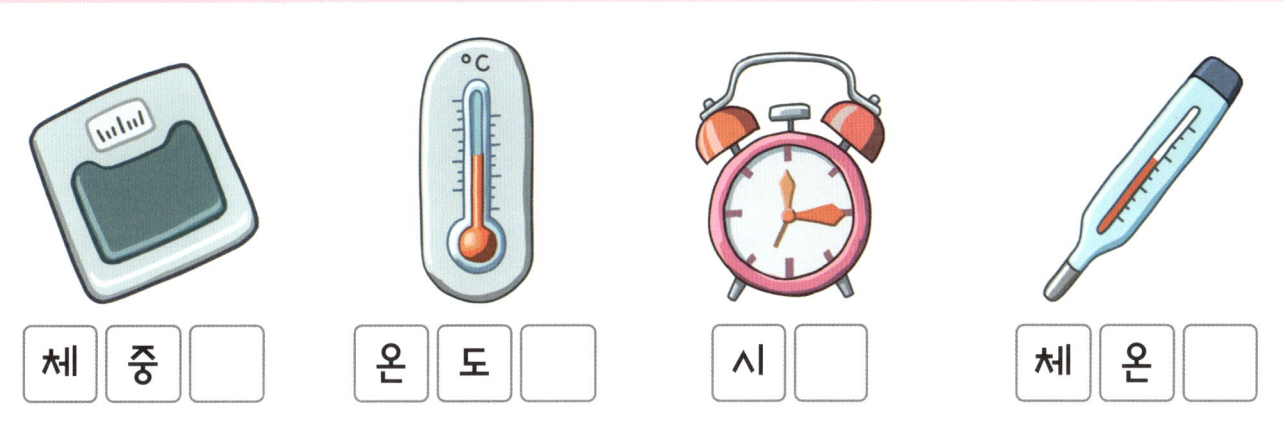

체 중 ☐   온 도 ☐   시 ☐   체 온 ☐

● 공통글자: ☐   뜻:

철 ☐   가 습 ☐   무 ☐   소 화 ☐

● 공통글자: ☐   뜻:

우 ☐   양 ☐

● 공통글자: ☐   뜻:

정답 73-74p

단어에서 글자를 뺀 뒤 남은 글자의 뜻을 찾아주세요

안경	-	경	=	안	• --- •	배가 볼록한 그릇
체중계	-	중계	=		• •	눈
어항	-	어	=		• •	길이가 긴
가습기	-	습기	=		• •	몸
장화	-	화	=		• •	축축한 기운
전등	-	전	=		• •	비
우산	-	산	=		• •	더하다
가습	-	가	=		• •	밝혀주는 불

정답 73-74p

단어에서 글자를 뺀 뒤 남은 글자의 뜻을 찾아주세요

어항 − 항 = ☐	•	•	비춰주는 물건 (거울이나 렌즈)
체중계 − 체중 = ☐	•	•	가리개
안경 − 안 = ☐	•	•	물고기
가습기 − 가습 = ☐	•	•	도구
우산 − 우 = ☐	•	•	신발
전등 − 등 = ☐	•	•	수량을 재는 기구
장화 − 장 = ☐	•	•	번쩍이고 찌릿한 것
체중 − 체 = ☐	•	•	무게

정답 73-74p

아래의 뜻을 모두 더한 뒤 알맞은 스티커를 빈칸에 붙여주세요 (스티커 4p)

눈에 쓰는 + 사물을 비춰주는 물건	=	스티커
물고기를 기르는 + 그릇	=	스티커
(목이) 긴 + 신발	=	스티커
전기의 힘으로 + 주변을 밝혀주는 불	=	스티커
비 + 가리개	=	스티커
몸 + 무게 + 재는 기구	=	스티커
더하다 + 축축한 기운 + 도구	=	스티커

길 장(長)의 두 가지 뜻
(①긴 ②어른/우두머리)을 기억해 보아요

길 장(長)은 긴 머리 노인을 표현한 글자로 길다를 뜻합니다.
그런데 노인은 한 사회의 어른이나 우두머리이죠. 따라서
길 장(長)은 어른이나 우두머리를 뜻하기도 합니다.

아래는 길 장(長)이 활용된 어휘들입니다. 길다를 뜻하는 어휘에는 동그라미를,
어른이나 우두머리를 뜻하는 어휘에는 세모를 표시해주세요.

장검   장어   선장

추장   장발   장작

- 만리장성의 '장'이 뜻하는 것은?

퀴즈

길 다

어른, 우두머리

- 교장선생님의 '장'이 뜻하는 것은?

퀴즈

길 다

어른, 우두머리

무거울 중(重)의 두 가지 뜻
(①무거운/무게 ②귀한)을 기억해 보아요

무거울 중(重)은 보따리(가방)를 메고 가는 사람을 표현한 글자로 무거운, 무게를 뜻합니다. 그런데 보통 가방 안에는 귀한 물건을 넣고 다니기 때문에 무거울 중(重)은 귀한을 뜻하기도 합니다.

아래는 무거울 중(重)이 활용된 어휘들입니다. 무게나 무거움을 뜻하는 어휘에는 동그라미를, 귀한을 뜻하는 어휘에는 세모를 표시해주세요.

기중기   중요   거중기

가중   중력   귀중품

퀴즈
- 존중하다의 '중'이 뜻하는 것은?

  무게
  귀한

퀴즈
- 중량의 '중'이 뜻하는 것은?

  무게
  귀한

정답 73-74p

활동지 정답

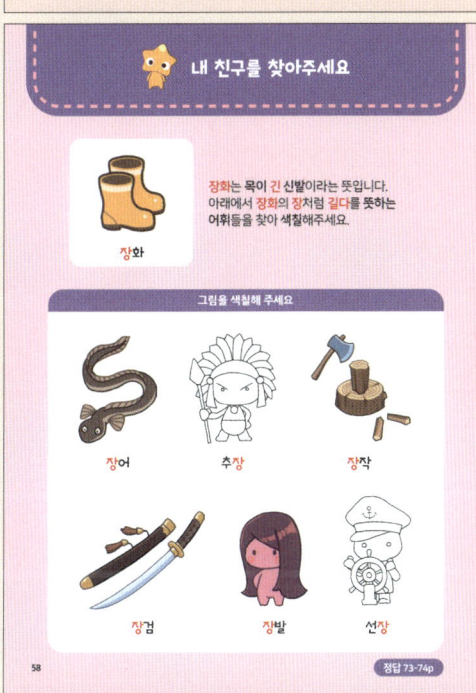

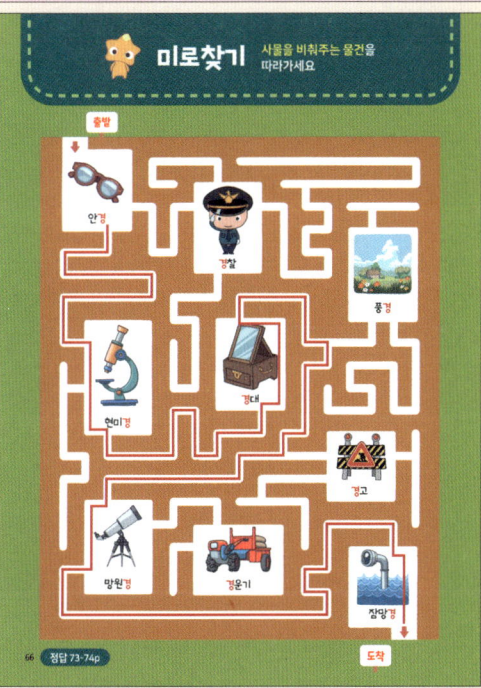

활동지 정답

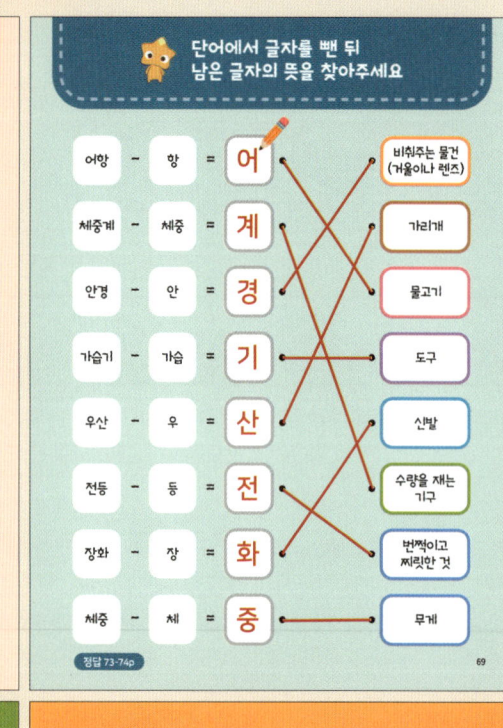

같은 뜻을 가진 어휘 뜻풀이

같은 뜻을 가진 어휘 뜻풀이

1. 길 장 (長) : ① 길다 ② 어른, 우두머리

① 길다

- 장단 [長短, 짧을 단] 긴 것과 짧은 것, 또는 길고 짧은 박자. 이 외에 장점과 단점을 뜻하기도 합니다.
- 장문 [長文, 글월 문] 긴 글. ↔ 단문. 예) 장문의 편지.
- 장신 [長身, 몸 신] 키가 큰 몸. ↔ 단신.
- 장기 [長期, 기약할(기간) 기] 긴 기간. 예) 장기적인, 장기간.
- 장거리 [長距離, 막을(떨어질) 거, 떠날 리] 길고 먼 거리. 예문) 마라톤은 대표적인 장거리 운동 종목이다.
- 장편 [長篇, 책 편] 분량이 긴 소설. 복잡한 구성, 다양한 인물, 긴 시간의 흐름 등으로 삶의 광범위한 부분을 다루는 것이 특징입니다. 예) 장편소설.
- 장수 [長壽, 목숨 수] 긴 수명. 오래도록 사는 것을 뜻합니다. 예) 무병장수.
- 장성 [長城, 재 성] 길게 둘러쌓은 성. 예) 만리장성.
- 연장 [延長, 늘릴 연] (시간이나 거리 따위를) 본래보다 길게 늘임. 예) 연장전. 또는, 어떤 일이 하나로 이어지는 것을 뜻하기도 합니다. 예) 소풍도 수업의 연장선이다.
- 신장 [身長, 몸 신] 사람이나 동물의 몸의 길이. = 키.

② 어른, 우두머리

- 장남 [長男, 사내 남] 집안에서 가장 큰아들.
- 장녀 [長女, 여자 여] 집안에서 가장 큰딸.
- 장관 [長官, 벼슬 관] 국가의 업무를 나누어 맡아 처리하는 각각의 행정부의 우두머리.
- 장자 [長者, 놈(사람) 자] 나이나 지위, 항렬이 높은 윗사람. 예) 연장자. 또는, 큰 부자를 높여 이르는 말이기도 합니다. 예) 백만장자, 억만장자.
- 장유 [長幼, 어릴 유] 어른과 어린이. 예) 장유유서.
- 가장 [家長, 집 가] 한 가정을 이끌어나가는 어른. 참) 가부장 : 가족을 대표하는 남자 어른.
- 원장 [院長, 집 원] '원' 자가 붙은 시설이나 기관의 우두머리.
- 교장 [校長, 학교 교] 학교의 으뜸 직위, 또는 그 직위에 있는 사람.
- 회장 [會長, 모일 회] 모임이나 회사를 대표하는 지위, 또는 그 지위에 있는 사람. 예) 대기업 회장.
- 시장 [市長, 저자(행정구역) 시] 지방 자치 단체인 '시'를 맡아서 다스리는 책임자.
- 영장 [靈長, 신령 영] 영묘한 힘을 가진 우두머리라는 뜻으로, '사람'을 이르는 말. 예) 만물의 영장.

같은 뜻을 가진 어휘 뜻풀이

2. 신 화 (靴) : 신발

- **제화** [製靴, 만들 제] 신발을 만듦. 예) 수제화.
- **빙화** [氷靴, 얼음 빙] 빙판 위에서 신는 신발. 구두 바닥에 쇠 날을 붙이고 얼음판 위를 지치는 운동기구입니다. = 스케이트.
- **등산화** [登山靴, 오를 등, 메 산] 산을 오를 때 신는 신발. 보통 신발의 창이 두껍고 바닥이 울퉁불퉁하며 잘 벗겨지지 않는 것이 특징입니다.

3. 비 우 (雨) : 비

- **우천** [雨天, 하늘 천] 비가 내리는 하늘. 비가 오는 날을 말합니다.
- **우기** [雨期, 기약할(기간) 기] 일 년 중에 비가 가장 많이 오는 시기.
- **호우** [豪雨, 호걸(기운 센) 호] 줄기차게 내리는 많은 비. 예) 호우주의보, 호우경보.

4. 우산 산 (傘) : ① 가리개 ② 우산 모양의 물건

① 가리개
- **일산** [日傘, 날 일] 햇볕을 가리기 위하여 세우는 큰 양산. 우산보다 크며 보통 놀이할 때에 한곳에 세워놓습니다.

① 우산 모양의 물건
- **균산** [菌傘, 버섯 균] 버섯의 줄기 위에 우산 모양으로 덮인 부분. = 버섯갓

같은 뜻을 가진 어휘 뜻풀이

5. 번개 전 (電) : 전기 (번쩍이고 찌릿한 것)

- **전력 [電力, 힘 력]** 단위 시간 동안 사용되는 전기의 에너지 양. 쉽게 말해, 전기가 사용되는 속도나양을 뜻하는데요. 전력이 높을수록 더 많은 전기가 빠르게 사용됩니다.
  단위: 와트(Watt, W)

- **전압 [電壓, 누를 압]** 전기가 흐르는 힘. 전압은 전자들이 전선에서 이동하도록 만드는 힘입니다. 비유를 들자면, 전압은 물이 흐르는 호스의 압력과 같습니다. 호스의 압력이 높을수록 물이 더 세게 흐르죠. 마찬가지로, 전압이 높을수록 전자가 더 많이, 빠르게 흐를 수 있습니다.
  단위: 볼트(Volt, V)

- **전원 [電源, 근원 원]** 전기 기기를 움직이게 해주는 전기의 공급원. 콘센트나 배터리가 대표적인 전원 장치이죠. 예문) 불을 켜고 싶으면 **전원** 스위치를 눌러라.

- **전지 [電池, 못(담다) 지]** 전기를 담고 있는 작은 에너지 상자.
  예) 건전지: 전기 에너지를 저장하는 일회용 전지를 주로 가리키는 말.

- **전극 [電極, 다할(끝) 극]** 전기가 드나드는 곳. 전극은 전지의 양 끝에 위치해 있어서 '극'이라고 부릅니다. 전지는 보통 두 개의 전극, 즉 양극과 음극으로 되어있으며 양극에서 전기가 나가고 음극에서 전기가 들어옵니다.

- **전파 [電波, 물결 파]** 공중에서 물결처럼 퍼져나가는 전기 에너지. 전파는 우리 눈에 보이지는 않지만 라디오, TV, 휴대폰 같은 기기로 소리나 영상과 같은 정보를 전달하는 데 사용됩니다.

- **전송 [電送, 보낼 송]** 글이나 사진과 같은 정보를 전류나 전파를 이용하여 먼 곳에 보냄.

- **전차 [電車, 수레 차]** 전선에서 전기를 받아서 달리는 기차.

- **전동 [電動, 움직일 동]** 전기로 움직임. 예) 전동차: 전기를 이용해 움직이는 기차로 '전차'와 비슷한 말입니다.

- **전광판 [電光板, 빛 광, 널빤지 판]** 전기로 빛을 내어 그림이나 문자를 보여주는 판. 판 위에 수많은 작은 전구를 배열하고 그 전구가 켜지고 꺼짐에 따라 글자나 그림이 나타나게 만든 게시판입니다.

- **가전 [家電, 집 가]** 가정에서 사용하는 전기 기기 제품. 가전제품의 줄임말이며 냉장고, 세탁기, 텔레비전 등이 있습니다.

- **방전 [放電, 놓을 방]** 전기가 저장된 배터리나 전지에서 전기가 빠져나가는 과정. 쉽게 말해, 방전은 배터리의 전기를 다 쓰는 것을 뜻합니다. 예문) 그의 휴대폰은 **방전**되어 켜지지 않는다.

- **정전 [停電, 머무를 정]** 공급되던 전기가 일시적으로 끊어짐. 예문) 저녁식사 시간에 갑자기 **정전**이 되었다.

- **발전 [發電, 필(일으킬) 발]** 전기를 만드는 일. 예) 발전소: 수력, 화력, 풍력, 원자력, 태양광 등으로 전기를 만드는 시설을 갖춘 곳.

같은 뜻을 가진 어휘 뜻풀이

6. 등 등 (燈) : 주변을 밝히는 불

- **점등** [點燈, 점(불붙일) 점] 등에 불을 켬. 예문) 경기장을 점등하자 대낮처럼 밝았다.
- **소등** [消燈, 사라질 소] 등불을 끔. 예문) 우리 기숙사는 밤 12시가 넘으면 소등해야 한다.
- **비상등** [非常燈, 아닐 비, 항상 상] 아주 긴급하거나 위급할 때에 남에게 그것을 알리기 위하여 켜는 등. 예문) 구급차는 비상등을 켜고 질주하였다. 또는, 갑자기 전기가 나갔을때 임시로 쓰는 등을 뜻하기도 합니다.
- **백열등** [白熱燈, 흰 백, 더울 열] 온도가 높아져 흰빛을 내는 등을 통틀어 이르는 말.

7. 물고기 어 (魚) : 물고기

- **어류** [魚類, 무리 류] 물고기를 통틀어 이르는 말. 척추동물이며 몸은 거의 유선형으로 비늘로 덮여 있습니다. 지느러미와 부레가 있어 물속을 헤엄쳐 다니고 아가미로 호흡합니다.
  예문) 미꾸라지는 어류에 속한다.
- **어종** [魚種, 씨(종류) 종] 물고기의 종류. 예문) 깊은 바다 속엔 다양한 어종이 살고 있다.
- **어패** [魚貝, 조개 패] 물고기와 조개를 아울러 이르는 말. 예) 어패류.
- **어뢰** [魚雷, 우레 뢰] 군함이나 선박을 공격하는 물고기 모양의 무기. 잠수함, 전함, 비행기 등에서 발사되며, 물속에서 스스로의 힘으로 목표물까지 가서 폭발하도록 설계되어있습니다.
- **대어** [大魚, 큰 대] 큰 물고기. 예) 대어 낚시.
- **추어** [鰍魚, 미꾸라지 추] 미꾸라지. 몸의 길이는 10~20cm이고 몸은 가늘고 길며 몹시 미끄럽고 수염이 긴 것이 특징입니다. 논, 개천, 못 따위의 흙 속에 삽니다.
- **활어** [活魚, 살 활] 살아 있는 물고기. 예) 활어회.
- **관상어** [觀賞魚, 볼 관, 상줄(구경할) 상] 보면서 즐기기 위하여 기르는 물고기. 금붕어, 열대어, 비단잉어 등이 이에 속합니다.

같은 뜻을 가진 어휘 뜻풀이

8. 눈 안 (眼) : 눈

- **안과** [眼科, 과목 과] 눈에 관련된 질환을 연구하고 치료하는 의학 분야.
- **안중** [眼中, 가운데 중] 눈의 안. 예문) 안중에 병이 생겼다. 또는 '안중에'의 꼴로 쓰여, 생각이나 관심의 범위나 대상을 뜻하기도 합니다. 예문) 그는 돈에 눈이 멀어 도덕심 따위는 안중에 없었다.
- **안목** [眼目, 눈 목] 사물의 좋고 나쁨, 또는 가치를 알아보는 능력.
- **쌍안** [雙眼, 두 쌍] 두 개의 눈. 예) 쌍안경: 두 눈으로 볼 수 있게 만든 망원경.
- **노안** [老眼, 늙을 노] 늙어서 시력이 나빠진 눈.
- **혜안** [慧眼, 슬기로울 혜] 사물을 꿰뚫어 보는 지혜로운 눈. 예문) 우리는 그의 혜안으로 위기를 피할 수 있었다.

9. 거울 경 (鏡) : 사물을 비춰주는 물건 (거울, 렌즈)

- **동경** [銅鏡, 구리 동] 구리로 만든 거울. 통일 신라 시대의 유물로 우리나라 국보입니다.
- **비경** [鼻鏡, 코 비] 코 안을 들여다 볼 수 있게 거울을 부착한 기구. 콧속을 진찰하는 데 쓰는 기구로 코 안에 넣을 수 있는 긴 자루 끝에 반사경이 달려있습니다.

10. 몸 체 (體): ① 몸 ② 한 덩어리

① 몸

- **체육** [體育, 기를 육] 운동을 통해 몸을 튼튼하게 단련시키는 일. 또는 그런 목적으로 하는 신체 활동을 뜻하는 말입니다. 예) 체육복.
- **체력** [體力, 힘 력] 육체적 활동을 할 수 있는 몸의 힘. 또는 질병이나 추위 따위에 대한 몸의 저항 능력을 뜻합니다. 예) 체력 관리.
- **체험** [體驗, 시험(경험) 험] 몸으로 겪음. 다시 말해 어떤 일을 실제로 보고 듣고 겪는 것을 뜻합니다.
- **체취** [體臭, 냄새 취] 몸에서 나는 냄새. 예문) 이 옷에는 아직 그의 체취가 배어 있다.
- **체벌** [體罰, 죄 벌] 몸에 직접 고통을 주어 벌함. 또는 그런 벌.
- **육체** [肉體, 고기 육] 구체적인 물체로서 사람의 몸. 예) 육체와 영혼.

같은 뜻을 가진 어휘 뜻풀이

- **시체** [屍體, 주검 시] 죽은 사람의 몸.
- **사체** [死體, 죽을 사] 사람 또는 동물 따위의 죽은 몸뚱이. 예) 사체 부검.
- **동체** [同體, 한 가지 동] 한 몸. 예) 일심동체.
- **일체** [一體, 하나 일] 하나의 같은 몸. 또는 하나의 같은 덩어리. 예문) 우리집 세탁기와 건조기는 일체형이다.

② 한 덩어리
- **전체** [全體, 온전할 전] 여러 요소들로 이루어진 하나의 덩어리. 예문) 그 건물 전체를 빌렸다.
- **단체** [團體, 둥글 단] 같은 목적을 위해 모인 하나의 무리. 예) 이익 단체.

11. 무거울 중 (重): ① 무거운, 무게 ② 귀함, 귀하게

① 무거운, 무게
- **중량** [重量, 헤아릴 양] 물건의 무거운 정도. 예) 중량 초과.
- **중유** [重油, 기름 유] 다른 기름에 비하여 상대적으로 무거운 기름. 석유 원유에서 휘발유, 등유, 경유 따위를 뽑아내고 남은 검은 갈색의 걸쭉한 찌꺼기 기름으로 디젤 기관이나 보일러 등의 연료로 쓰입니다. ↔ 경유: 맨 처음 얻는 가장 가벼운 기름.
- **중금속** [重金屬, 쇠 금, 무리 속] 다른 금속에 비하여 상대적으로 무거운 금속. 금, 백금, 은, 구리, 수은, 납, 철, 니켈 등이 이에 속합니다. ↔ 경금속: 알루미늄, 마그네슘과 같이 무게가 가벼운 금속.
- **중공업** [重工業, 장인(만들다) 공, 업(일) 업] 부피에 비하여 무게가 비교적 무거운 물건을 만드는 공업. 제철업, 조선업, 기계 제조업 등이 있습니다.

② 귀함, 귀하게
- **소중** [所重, 바 소] 매우 귀함.
- **존중** [尊重, 높은 존] 높이어 귀하게 대함.
- **애지중지** [愛之重之, 사랑 애, 갈지] 매우 사랑하고 귀하게 여기는 모양. 예문) 아이를 애지중지 키우다.

같은 뜻을 가진 어휘 뜻풀이

12. 셀 계 (計): 수나 양을 세거나 재다

- **계**좌 [**計**座, 자리 좌] (은행 따위에서) 고객의 저축이나 대출을 계산하여 기록해놓은 것.
- 가**계**부 [家**計**簿, 집 가, 문서 부] 한 집안의 수입과 지출을 계산하고 기록하는 장부.

13. 더할 가 (加): ① 더하다 ② 들어가다

① 더하다

- **가**속 [**加**速, 빠를 속] 속도를 더함.
- **가**해 [**加**害, 해할 해] 피해를 줌. 예) 가해자.
- **가**공 [**加**工, 장인 공] (천연물이나 덜 완성된 것에) 인공을 더함. 예) 가공식품.
- **가**미 [**加**味, 맛 미] (음식에 양념 등을 넣어) 맛을 더함. 본래의 것에 다른 요소를 보탠다는 뜻으로 쓰입니다.
- **가**감 [**加**減, 덜 감] 더하기와 빼기. 예) 가감승제.
- **가**세 [**加**勢, 형세(세력) 세] 세력을 더함. 힘을 보태거나 거든다는 뜻입니다.
- **가**산 [**加**算, 셈 산] 더하여 셈함, 또는 덧셈.
- **가**체 [**加**髢, 다리(딴머리) 체] 예전에, 여자들이 머리를 꾸미기 위하여 자신의 머리위에 얹거나 덧붙였던 딴머리. 사극에 나오는 중전마마의 머리모양을 떠올리시면 이해가 쉽습니다.
- 부**가** [附**加**, 붙을 부] 더하여 붙임, 또는 덧붙임. 예) 부가세.
- 무**가**당 [無**加**糖, 없을 무, 엿 당] 당분을 더하지 않음.

② 들어가다

- **가**입 [**加**入, 들 입] (조직이나 단체 등에) 들어감.
- **가**담 [**加**擔, 멜(들다) 담] (모임이나 조직에) 들어가서 일을 거듦.
- **가**맹 [**加**盟, 맹세 맹] 동맹이나 연맹에 들어감. 예) 가맹점.

같은 뜻을 가진 어휘 뜻풀이

14. 젖을 습 (濕): 물기가 많은, 축축한

- 습하다 [濕하다] 메마르지 않고 물기가 많아 축축한 기운이 있다.
- 습포 [濕布, 베(헝겊) 포] 젖은 찜질, 또는 젖은 찜질을 할 때 쓰는 헝겊.
- 침습 [浸濕, 잠길 침] 물이 스며들어 젖음.
- 다습 [多濕, 많을 다] 습기(축축한 기운)가 많음. 예) 고온다습.

15. 그릇 기 (器): ① 그릇 ② 간단한 도구

① 그릇

- 토기 [土器, 흙 토] 흙으로 만든 그릇.
- 제기 [祭器, 제사 제] 제사에 쓰는 그릇.
- 옹기 [甕器, 독(항아리) 옹] 진흙으로 구운 그릇.
- 밥공기 [밥空器, 빌 공] 밥을 담는 빈 그릇.
- 도자기 [陶瓷器, 질그릇 도, 사기그릇 자] 흙으로 빚어서 만든 그릇을 통틀어 이르는 말.

② 간단한 도구

- 악기 [樂器, 노래 악] 음악을 연주하는 데 쓰이는 도구.
- 흉기 [凶器, 흉할 흉] 사람을 죽이거나 해치는 데 쓰는 도구.
- 총기 [銃器, 총 총] 권총, 기관총, 소총, 엽총 따위 무기를 통틀어 이르는 말.
- 역기 [力器, 힘 역] 역도라는 운동을 할 때 사용하는 도구로 쇠막대 양쪽에 원반 모양의 쇳덩이가 달려있습니다. 역도란 사람의 체중에 따라 일정한 무게의 역기를 들어 올려 그 중량을 겨루는 운동경기 입니다.
- 분무기 [噴霧器, 뿜을 분, 안개 무] 액체를 안개처럼 뿜어내는 도구.
- 주사기 [注射器, 부을 주, 쏠 사] 몸 안에 약물을 집어넣는 도구.
- 각도기 [角度器, 뿔 각, 헤아릴 도] 각의 정도(크기)를 재는 도구.
- 충전기 [充電器, 채울 충, 번개(전기) 전] 전기에너지를 채우는데 사용되는 도구.

우리집 거실 색칠하기

그림을 자유롭게 색칠해 보세요

우리집 화장실 색칠하기

그림을 자유롭게 색칠해 보세요

우리집 주방 색칠하기

그림을 자유롭게 색칠해 보세요

그림카드와 스티커

그림카드 활용법

앞에서 학습한 목표 어휘들을 낱말카드를 활용하여 복습해보는 시간입니다. 그림을 보고 어휘나 어휘의 뜻을 이야기 해 보거나, 같은 의미를 가진 어휘들로 분류해 봅니다. 그림카드 활동에 스피드 게임이나 카드 게임처럼 게임적인 요소를 가미하면 더 즐겁게 활동할 수 있습니다.

짝 찾기 게임

1. 그림카드를 골고루 섞어줍니다.

2. 그림카드 12장을 그림이 보이도록 펼쳐놓습니다. (4×3 대열)

3. 차례는 게임 참여자들 중 가장 어린 사람부터 시작하여 시계방향으로 돌아갑니다.

4. 차례가 된 사람은 12장의 그림 카드 중에 같은 뜻(한자)을 가진 그림카드를 두 장을 뽑아 뒤집습니다. 같은 뜻이 활용된 어휘가 맞으면 뒤집은 두 장의 카드를 가져가고 다시 두 장의 카드를 뽑아 뒤집습니다.

5. 만약 서로 다른 뜻의 카드를 뒤집었거나, 펼쳐놓은 카드 중에 더 이상 같은 뜻의 카드가 없을 때에는 다음 사람에게 차례가 넘어갑니다.

6. 다음 사람이 게임을 시작하기 전, 빈자리에 다시 카드를 채워 12장이 되도록 합니다.

7. 위의 과정을 반복합니다.

8. 더 이상 짝이 맞는 카드가 없으면 게임은 종료됩니다.

9. 카드를 제일 많이 가져간 사람이 승자가 됩니다.

장작
長斫
길 장, 벨 작

통나무를 길쭉하게 잘라서 쪼갠 나무 땔감으로 사용됩니다.

장어
長魚
길 장, 물고기 어

몸이 가늘고 긴 물고기

장검
長劍
길 장, 칼 검

(무기로 쓰는) 긴 칼

장화
長靴
길 장, 신 화

목이 긴 신발

단화
短靴
짧을 단, 신 화

목이 짧아 발목 아래로 오는 신발 주로 굽이 낮은 구두를 뜻합니다.

선장
船長
배 선, 길(우두머리) 장

배와 배의 선원들을 다스리는 우두머리

추장
酋長
우두머리 추, 길(우두머리) 장

(원시 사회에서) 한 부족의 우두머리를 이르는 말

장발
長髮
길 장, 터럭(털) 발

길게 기른 머리털

우산
雨傘
비 우, 가리개 산

비가 올 때 쓰는 가리개

운동화
運動靴
옮길 운, 움직일 동, 신 화

주로 운동할 때 신는 신발

실내화
室內靴
집 실, 안 내, 신 화

집이나 방 안에서 신는 신발

군화
軍靴
군사 군, 신 화

군인용 신발 전투에 편리하게 만든 목이 긴 신발입니다.

폭우
暴雨
사나울 폭, 비 우

갑자기 많이 쏟아지는 비

강우
降雨
내릴 강, 비 우

비가 내림 또는, 내린 비

우비
雨備
비 우, 갖출 비

비를 가리기 위하여 사용하는 물건을 통틀어 이르는 말

우의
雨衣
비 우, 옷 의

비옷
비가 올 때 비에 젖지 않도록 덧입는 옷을 말합니다.

   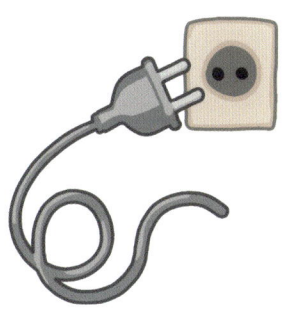

  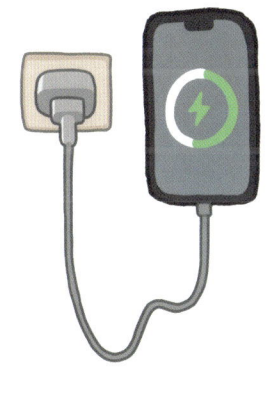 

  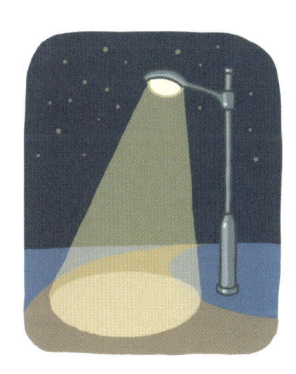 

낙하산
落下傘
떨어질 낙, 아래 하, 가리개 산

하늘에서 사람이나 물체가 떨어질 때 그 속도를 늦춰주는 우산 모양의 물건

양산
陽傘
볕 양, 가리개 산

햇빛이나 햇볕을 가려주는 물건

기우제
祈雨祭
빌다 기, 비 우, 제사 제

(예전에, 비가 안 올 때) 비가 오기를 빌던 제사

측우기
測雨器
헤아릴 측, 비 우, 그릇(도구) 기

(예전에) 비가 온 양을 헤아리는 도구

전선
電線
번개 전, 줄 선

전기가 흐르는 선

전구
電球
번개 전, 공 구

전기로 빛을 내는 공 모양의 유리

전화기
電話機
번개 전, 말씀 화, 틀(기계) 기

전파를 통해 멀리 있는 사람과 이야기를 주고받을 수 있게 해주는 기계

전등
電燈
번개 전, 등(불) 등

전기의 힘으로 주변을 밝히는 불

등대
燈臺
등(불) 등, 대(받침) 대

(바다에서 배가 보도록) 주변을 밝히는 불을 높게 받쳐놓은 것

충전
充電
채울 충, 번개 전

(전기를 모으는 장치에) 전기 에너지를 채우는 일
휴식을 취하면서 에너지를 되찾는 것을 비유적으로 이르는 말이기도 합니다.

감전
感電
느낄 감, 번개 전

전기가 통하고 있는 물체에 몸이 닿아 충격을 받음

전철
電鐵
번개 전, 쇠 철

전기의 힘으로 철로 된 길을 달리는 열차

전조등
前照燈
앞 전, 비칠 조, 등(불) 등

기차나 자동차 앞에 달려 앞쪽을 비춰 밝혀주는 불

가로등
街路燈
거리 가, 길 로, 등(불) 등

길거리를 밝혀주는 불

신호등
信號燈
믿을 신, 이름(기호) 호, 등(불) 등

교통신호를 알리기 위해 밝히는 불
보통 빨간색, 초록색, 주황색 등의 색깔로 나타냅니다.

등잔
燈盞
등(불) 등, 잔(그릇) 잔

주변을 밝히기 위해 기름을 담아 불을 켜는데 쓰는 그릇

   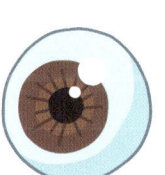 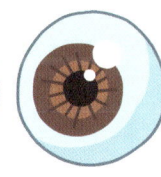

  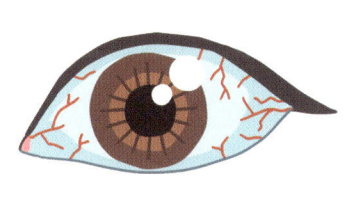 

인어
人魚
사람 인, 물고기 어

사람을 닮은 물고기
허리 위는 사람의 몸과 비슷하고 허리 아래는 물고기와 같다고 하는 상상의 동물입니다.

광어
廣魚
넓을 광, 물고기 어

몸이 넓적한 물고기
넙칫과에 속한 바닷물고기를 이르는 말입니다.

어항
魚缸
물고기 어, 그릇 항

물고기를 기르는데 쓰는 그릇

후미등
後尾燈
뒤 후, 꼬리 미, 등(불) 등

기차나 자동차 뒤에 달려 뒤쪽을 밝혀주는 불

항아리
缸아리
그릇 항

목이 좁고 배가 부른 그릇

건어물
乾魚物
마를 건, 물고기 어, 물건 물

물고기나 조개류 따위를 말린 식품

어묵
魚묵
물고기 어

잘게 다진 물고기 살에 소금과 같은 재료를 섞어서 물처럼 굳혀먹는 음식

치어
稚魚
어릴 치, 물고기 어

알에서 깬 지 얼마 안 되는 어린 물고기

안구
眼球
눈 안, 공 구

눈알
눈구멍 안에 있는 공 모양의 신체기관을 뜻합니다.

안경
眼鏡
눈 안, 거울(비출) 경

사물이 잘 보이도록 비춰주는 눈에 쓰는 물건

부항
附缸
붙을 부, 그릇 항

피부에 붙이는 항아리
고름이나 나쁜 피를 뽑아내기 위해 합니다.

주항
酒缸
술 주, 그릇 항

술을 담는 항아리

수경
水鏡
물 수, 거울(비출) 경

물속에서 쓰는 안경
물속에서 눈을 보호해주는 동시에 사물을 비춰줍니다.

혈안
血眼
피 혈, 눈 안

핏발이 선 눈
어떤 일을 이루려고 애가 달아 기를 쓰고 있는 상태를 말합니다.

안대
眼帶
눈 안, 띠 대

눈을 가리는 띠 모양의 천 조각
잠잘 때나 또는 눈병이 났을 때 아픈 눈을 가리는 용도로 사용합니다.

안약
眼藥
눈 안, 약 약

눈병을 고치는 데 쓰는 약

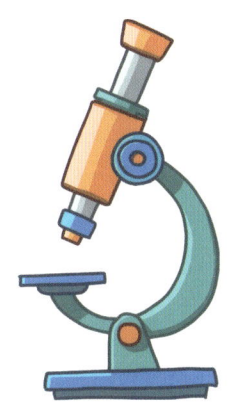
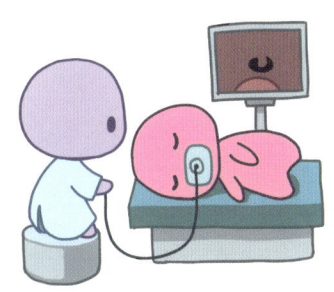

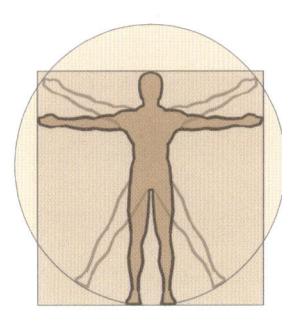

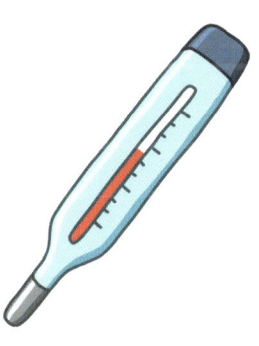

잠망경
潛望鏡
잠길 잠, 바랄 망, 거울(비출) 경

주로 잠수함이나
군함에서 사용하는
망원경

망원경
望遠鏡
바랄 망, 멀 원, 거울(비출) 경

멀리 떨어져 있는 물체를
크게 비춰주는 물건

내시경
內視鏡
안 내, 볼 시, 거울(비출) 경

신체의 내부를 볼 수 있게
비춰주는 물건

현미경
顯微鏡
나타날 현, 작을 미, 거울(비출) 경

작은 물체를
크게 비춰주는 물건

상체
上體
윗 상, 몸 체

몸의 윗부분
사람의 경우 대개
배꼽 위를 말합니다.

인체
人體
사람 인, 몸 체

사람의 몸

체중계
體重計
몸 체, 무거울 중, 셀 계

몸무게를 재는
기계나 도구

경대
鏡臺
거울(비출) 경, 대(받침) 대

거울을 보기 편하게 세워서
높게 받쳐놓은 가구

체온계
體溫計
몸 체, 따뜻할 온, 셀 계

몸의 온도를 재는
기계나 도구

체조
體操
몸 체, 잡을(다룰) 조

(몸의 성장과 건강을 위해)
몸을 일정한 규칙에 따라
움직이는 운동

연체
軟體
연할 연, 몸 체

연하고 무른 몸

하체
下體
아래 하, 몸 체

몸의 아랫부분

거중기
擧重機
들 거, 무거울 중, 틀(기계) 기

옛날에 주로 건물을 짓거나
공사할 때, 무거운 물건을
들어 올리던 기계

기중기
起重機
일어날 기, 무거울 중, 틀(기계) 기

무거운 물건을 들어 올려
위아래나 좌우로
이동시키는 기계

해체
解體
풀 해, 몸(한 덩어리) 체

한 덩어리를 작은 부분으로
나누거나 분리함

합체
合體
합할(모을) 합, 몸(한 덩어리) 체

둘 이상의 것이 모아져
한 덩어리가 됨
또는, 한 덩어리로 만듦

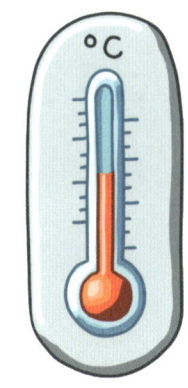

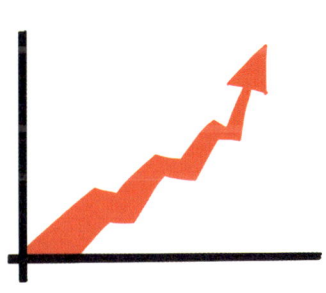

귀중품 貴重品 귀할 귀, 무거울(귀할) 중, 물건 품 귀하고 중요한 물건	**중요** 重要 무거울(귀할) 중, 요긴할 요 매우 귀하고 꼭 필요함	**가중** 加重 더할 가, 무거울 중 무게를 더함	**중력** 重力 무거울 중, 힘 력 무게를 만드는 힘 지구가 지구 위에 있는 물체를 지구 쪽으로 끌어당기는 힘을 말합니다.
온도계 溫度計 따뜻할 온, 법도 도, 셀 계 온도를 재는 기계나 도구	**시계** 時計 때 시, 셀 계 시간을 재는 기계나 도구	**계량컵** 計量컵 셀 계, 헤아릴 량(양) (조리를 할 때) 재료의 양을 재는데 사용하는 컵	**계산기** 計算器 셀 계, 셈 산, 틀(기계) 기 수를 세거나 셈하기 위해 사용하는 기계
첨가 添加 더할 첨, 더할 가 (어떤 것을 이미 있는 것에) 보태어 더함	**증가** 增加 더할 증, 더할 가 양이나 수치가 더해져서 늘어남	**가열** 加熱 더할 가, 더울 열 열을 더함	**가습기** 加濕器 더할 가, 축축할 습, 그릇(도구) 기 실내에 축축한 기운을 더해주는 도구
습지 濕地 축축할 습, 땅 지 물기가 많은 축축한 땅	**습기** 濕氣 축축할 습, 기운(공기) 기 축축한 기운 또는, 물기가 많아 젖은 듯한 기운	**참가** 參加 참여할 참, 더할(들어갈) 가 (모임이나 단체에) 참여하기 위해 들어감	**추가** 追加 쫓을 추, 더할 가 나중에 더하여 보탬

변기
便器
똥오줌 변, 그릇 기

똥오줌 그릇

식기
食器
밥(음식) 식, 그릇 기

음식을 담는 그릇

제습기
除濕機
덜다 제, 축축할 습, 틀(기계) 기

축축한 기운을 없애주는 기계

습도
濕度
축축할 습, 정도 도

공기에 물기가 많은 정도

소화기
消火器
사라질 소, 불 화, 그릇(도구) 기

불을 끄는 도구

무기
武器
싸울 무, 그릇(도구) 기

전쟁이나 싸울 때 사용하는 도구

철기
鐵器
쇠 철, 그릇(도구) 기

철로 만든 그릇이나 도구

석기
石器
돌 석, 그릇(도구) 기

돌로 만든 그릇이나 도구

장화 (11-14p)

우산 (17-19p)

전등 (22-24p)

스티커 1p

체중계 (39-43p)

가습기 (48-52p)

스티커 3p